Motel

diaphanes

Bruce Bégout

Motel

Ort ohne Eigenschaften

Aus dem Französischen von

Franziska Humphreys

diaphanes

Titel des französischen Originals:

Lieu commun. Le motel américain

Dieses Werk wurde veröffentlicht mit freundlicher Unterstützung des französischen Kulturministeriums – Centre national du livre

Ouvrage publié avec l'aide du Ministère français de la Culture – Centre national du livre

Deutsche Erstausgabe

1. Auflage 2013

www.diaphanes.net

Satz und Layout: 2edit, Zürich

Druck: Pustet, Regensburg

ISBN 978-3-03734-234-3

Inhalt

Die Rede von den gewöhnlichen Dingen *9*

Autopsie des Motels

Randzonen *23*
Geschichten *39*
Wüsten *61*
Schilder *79*
Generalmobilmachung *89*
Das Ende der Reise *109*
Die Kunst des Motels *127*
Die neutralisierte Feerie *143*
Das Aufkommen des Franchising *159*
Das anonyme Sein *179*
Bezaubernde Entzauberung *201*

Erfahrungsberichte *221*

Anmerkungen *231*

Für Diotima,

Lehrerin der Liebe

Holiday
MOTEL
Color
TV
ENTRANCE
VACANCY

Vorrede

Die Lehre von den gewöhnlichen Dingen

»Es ist zu spät, um Hebräisch zu lernen;
die lebendige Sprache von heute gilt es zu verstehen.«
Henry David Thoreau, Vom Wandern

»Welches auch seine Erscheinungsweisen sein mögen,
so hat der Alltag doch einen wesentlichen Zug:
Er lässt sich nicht fassen. Er entgleitet. Er gehört der Bedeutungslosigkeit an,
und das Bedeutungslose ist ohne Wahrheit, ohne Realität, ohne Geheimnis,
aber es ist vielleicht auch der Ort jeder möglichen Bedeutung.«
Maurice Blanchot, Das unendliche Gespräch

Jeden Tag aufs Neue zeichnet sich eine Wahrheit ab: Mit unentrinnbarer *Fatalität* beherrscht uns das Alltagsleben. Für gewöhnlich folgen wir seinen ungeschriebenen Regeln und gehorchen seinen unerbittlichen Anordnungen, denn entfliehen können wir ihm ohnedies nur auf die Gefahr hin, uns selbst zu verlieren. Es verfügt über das zwar ganz gewöhnliche, darum aber nicht weniger mächtige Vermögen, uns, koste es, was es wolle, der Realität und ihrem Prinzip zu verpflichten. Der Alltag ist unsere allererste Welt; die Welt, in der wir unsere ersten Erfahrungen zu sammeln hatten und die wir seither unermüdlich durchlaufen und kennenlernen. Kein Mensch kann leben, wenn er nicht alltäglich lebt.

Dennoch bleibt es nicht aus, dass uns diese unanfechtbare Tatsache ab und an bedrückt. Tagaus, tagein *muss man* aufstehen, sich waschen, sich anziehen und dabei bestimmten Kodes folgen, *man muss* sich ernähren und dabei bestimmte Regeln einhalten, *man muss* zur Arbeit gehen, sein Tagewerk vollbringen und anderen Menschen gegenübertreten und dabei immer dem entsprechen, was als sozial konform gilt, und abends *muss man* wieder nach Hause gehen, aufräumen und das Abendessen vorbereiten. Diese kleinen Zwänge des Augenblicks erscheinen gebieterischer als die zehn biblischen Gebote. In jedem Augenblick fordert uns der kategorische Imperativ des Alltagslebens dazu auf, aus jeder unserer Gesten den reinen Ausdruck dessen zu machen, was immer eine *selbstverständliche Evidenz* war und auch immer eine solche bleiben wird; eine Evidenz, auf der zwar unser stillschweigendes Vertrauen in die Realität beruht, aus der uns aber zugleich, treten wir einen Schritt zurück, das spöttische Gesicht einer stillen Tyrannei entgegenblickt. Diese Unterwerfung, die wir mangels besserer Worte »die Notwendigkeiten des Lebens« nennen, ist umso erdrückender und unausweichlicher, als ihre Überzeugungskraft für uns ein Mysterium bleibt. Nicht den nahenden, grausamen und öffentlichen Tod fürchtet Büchners Danton, sondern jene beständige, weil der alltäglichen Zeit unbekannte Beherrschung:

> *»Aber die Zeit verliert uns. Das ist sehr langweilig immer das Hemd zuerst und dann die Hosen drüber zu ziehen und des Abends ins Bett und Morgens wieder heraus zu kriechen und einen Fuße immer so vor den andern zu setzen, da ist gar kein Absehen wie es anders werden soll.«*[1]

Die ganze Zeit benutzen wir dieselben Gegenstände, gehen dieselben Wege, blicken auf dieselben Schilder und Personen, verwenden dieselben stereotypen Sätze, und dennoch bleiben Gegenstände, Wegstrecken, Personen und Worte dunkel und verborgen hinter ihrer banalen Klarheit. In einer Art vertrauten Vorahnung glauben wir immer schon zu wissen, was sie sind und was sie tun, und diese Eigenschaft unmittelbarer Evidenz ist sich selbst genug. Ihre Bedeutungslosigkeit ist die perfekte Tarnung. Der Alltag umschreibt somit jene Menge von Tatsachen und Dingen, bei denen sich länger aufzuhalten scheinbar nicht lohnt, weil sie einfach immer schon da waren, und zwar schon lange bevor wir versucht haben, uns ihnen zu nähern. Es stimmt, dass ein alltägliches Ereignis keiner langen Erklärungen bedarf. Es erregt nicht einmal den Schatten eines Zweifels oder einer Frage. *Es ist so.* Bis zu einer eingehenderen Bestätigung wird es als gesichert betrachtet. Im alltäglichen Leben, das all das umfasst, was wiederholt werden kann, ohne jedes Mal Gegenstand einer ungewohnten Veränderung zu werden, weiß man ganz mechanisch, was man zu sagen und zu tun hat. Vor jeder Spekulation hat das Gewöhnliche einen klaren und adäquaten Sinn, und es ist absolut nicht nötig, sich lang und breit darüber auszulassen.

Allerdings entgeht uns der Sinn des Gewöhnlichen zum Teil. Wie ein Spiegel reflektiert er alles, bis auf die Reflexion selbst. Zwar können wir noch so sehr davon überzeugt sein, dass das, was wir im Alltag tun und sagen, von Wert und Interesse ist, doch drängt sich uns dabei die Vermutung auf, dass diese Handlungen und Worte die Transparenz verlieren, die sie im alltäglichen Leben haben, sobald man sie mit etwas Abstand betrachtet. Die Alltäglichkeit begrenzt ein Feld der Gewissheit und des Irrtums, der Versicherung und der Verwirrung, und dies, ohne dass es im tagtäglichen Verhalten und in der Dringlichkeit des Lebens möglich wäre, das, was wir tun wollen, von dem, was wir wirklich tun, zu trennen. Ohne dass es ihm bewusst wäre, lebt der alltägliche Mensch so in der Nicht-Evidenz des Evidenten, in der beruhigenden und trivialen »*pistis*«, dem Grundvertrauen, von dem

Platon im *Staat* im Hinblick auf die Gefangenen in der Höhle spricht. Doch eben weil alles für ihn evident ist, wandelt er diese Evidenz nicht in einen Gegenstand des Denkens um; vielmehr hält er daran mit einem Vertrauen fest, das zuweilen an Blindheit grenzt.

Gleichwohl könnte es sein, dass die verschiedenen Elemente unserer täglichen Umgebung, klopfte man sie mit der Aufmerksamkeit ab, die uns in der vermeintlichen Sicherheit unserer alltäglichen Gesten fehlt, sofort ganz anders aussehen und uns einen Teil des gewohnten Lebens preisgeben würden, der sich sonst hinter seiner Überpräsenz verbirgt. Doch welches Element soll man für die Erkundung des Alltäglichen wählen? In dem Desinteresse für das Gewöhnliche scheint in der Tat alles gleichermaßen belanglos. *Unser nichtiger Alltag.* Das Nächste ist hier zugleich das Entfernteste. Werkzeuge, Maschinen, Waren, Gebäude ebenso wie diejenigen, die sie nutzen, umgibt eine dünne Schicht an Gleichgültigkeit. Böte sich das Motel hierfür an? Was könnte es schließlich Trivialeres geben als dieses saubere und billige Hotel am Straßenrand, in dem wir aus Mangel an Zeit und Geld oft nur eine einzige Nacht verbringen? Könnte es etwas materiell Bescheideneres und symbolisch Armseligeres geben als dieses Gebäude, das sich in seiner Funktion erschöpft? Dennoch nimmt das Motel wie jedes gewöhnliche Element der Stadt nur im Hinblick auf die reisende Menschheit Sinn an, die es beherbergt. Jenseits seiner schlichten, kommerziellen Trivialität sagt es vielleicht mehr über uns selbst aus und über das, was uns umgibt, als so manche Abhandlung über Urbanismus und Stadtsoziologie; seine Wahrheit besteht nicht in einer nachträglichen Rekonstruktion verschiedener Elemente unserer Existenz, sondern präsentiert unvermittelt ihre reale Konkretisierung. Und das, was das Motel uns enthüllt, geht uns vielleicht noch weit grundlegender an als die Bücher, auf die wir zurückgreifen, wenn wir wissen wollen, *worum es bei ihm geht*.

Aber inwiefern geht das Motel uns eigentlich an? Ist es nicht einfach nur ein Element der urbanen Landschaft Amerikas, das B-Movies oder Krimis als ausgedientes Dekor dient? Als solches würde es vielleicht eine Genre-Studie rechtfertigen, mehr aber auch nicht. Was hat das Motel an sich, das einen Essay über die allgemeine Beschaffenheit unserer Alltäglichkeit verdiente? Das Motel, wie es heute an den Peripherien fast aller Weltstädte aus dem Boden sprießt, ist kein bloßes Versatzstück des *american way of live*, sondern es konkretisieren sich in ihm neue urbane Lebensformen, die ganz von Mobilität, Umherirren und erlebter Armut überwölbt sind. An ihm können wir die Metamorphose der Stadt ablesen, die an der Schnittstelle von Ökonomie, Architektur und Fiktion steht und im Motel ihren angemessenen Ort findet. Gerade ausgehend von den gewöhnlichsten Elementen der profanen Welt können wir versuchen, deren komplexe und vielgestaltige Textur zu erfassen. Nur wenn wir verschiedene, willkürlich herausgegriffene Fragmente des alltäglichen Lebens zusammentragen, sind wir imstande, in den Teilen das sie verbindende Ganze zu erkennen.

Wenn eine Epoche ihren Sinn preisgibt, dann nicht durch den Einsatz mechanischer Interpretationsmuster, die der *Lebenswelt* bestimmte Begriffe aufkleben, sondern durch eine Analyse der belanglosesten und gewöhnlichsten Tatsachen, welche auf der spiegelnden und darum blendenden Oberfläche der Lebenswelt bedeutungsvolle Figuren zeichnen, die für denjenigen sichtbar werden, der sich nicht täuschen oder einlullen lässt. Mit unserer philosophischen Erforschung der Stadt möchten wir somit zeigen, dass der Alltag nach einer neuen Herangehensweise verlangt, die sich in ihrer Befragung nicht damit begnügt, dessen vielfältige Erscheinungsweisen gemäß einem ästhetischen, soziologischen, ethnologischen oder politischen Zugang analytisch aufzugliedern. Diese Untersuchung versucht vielmehr, die Stadt als geschlossene Totalität zu verstehen, die in ihrem Inneren bereits artikuliert ist und in der sich in jedem Augenblick diverse objektive Bedingungen (Architektur, Kunst, Technik, geographische Situation, soziale und ökonomische Funktion), aber auch buchstäblich subjektive und persönliche Perspektiven (Gebräuche, Symbolisierung, Leugnung etc.) *auf dialektische Weise* überschneiden.

Dennoch darf sich eine Archäologie, die nach den Bedeutungen der alltäglichen und urbanen Welt forscht, nicht allzu viel darauf einbilden, lediglich die allgemeinen Strukturen offengelegt zu haben, die unter dem Chaos der Oberfläche verborgen lagen und dadurch unmöglich schienen. Vielmehr muss sie das erproben, was bislang der Klarheit der Theoretisierung widerstand, da es als gewöhnlich und trivial angesehen wird. Doch diese zweideutige Natur des Alltags begründet ihn nun erst eigentlich. Man hüte sich also davor, sie um der Intelligibilität des Wirklichen willen als randständig abzutun und zu Methoden zu greifen, die gewöhnliche Ereignisse sofort in bekannte Tatsachen zu übersetzen suchen. Man muss diese Philosophie des alltäglichen Lebens vielmehr als eine geduldige Freilegung betrachten, die Fragwürdigkeit vermeintlich feststehender Tatsachen hervorzuheben. Anders als eine polizeiliche Untersuchung zielt die philosophische Nachforschung tatsächlich nicht darauf ab, das Rätsel zu lösen und die Befragung abzuschließen, sondern darauf, das problematische Wesen der Tatsachen in den Vordergrund zu stellen. Wenn daher eine Theorie der Alltäglichkeit auch nur irgendeine Chance hat, zu einem erhellenderen Verständnis der *Lebenswelt* beizutragen, dann nur indem sie den Prozess aufdeckt, der ihrer zugleich stabilen und instabilen, vertrauten und befremdlichen Herausbildung zugrunde liegt.

Dass die Wahl hier auf die nordamerikanische Stadt fiel, hat nicht nur mit der anhaltenden Kraft ihres weltweiten Einflusses zu tun, sondern vor allem mit der Tatsache, dass der unberührte Raum der Neuen Welt es ermöglicht hat, eine urbane Realität *ex nihilo* zu schaffen, eine nahezu durchsichtige Urbanität, insofern ihre Bedeutung vollkommen mit ihrer Errichtung in eins fällt. Wie Emerson und Thoreau klar erkannt haben, ist die Herausbildung der amerikanischen Kultur eng an das erstarkende Interesse am Alltäglichen gebunden. Sofort hat sie das tägliche Leben zu einer maßgeblichen Aufgabe für die Menschheit gemacht, zu dem zugleich banalen und intensiven Schauplatz, auf den sich all ihre Anstrengungen in Hinblick auf eine soziale Umgestaltung richten sollten, zu dem bevorzugten Material ihrer künftigen Emanzipation. Aus Sorge um diese elementare Grundlage jeder Existenz hat sie das alltägliche Leben zu einer neuen philosophischen Arena erhoben, in der die allgemeine Unsicherheit des Lebens auf bedenkliche Weise zutage tritt. Nunmehr ist die Frage danach, wie man sein Geld verdient, wie man seinen Haushalt führt, welche Bücher man liest oder wie man seine Freizeit gestaltet, zu einem philosophischen Problem geworden, das ebenso viel Interesse verdient wie das Universalienproblem oder die Frage nach der Suprematie des Guten.

Die Wahl fiel also auf das amerikanische Motel, weil es dazu beiträgt, zu entdecken, was das heutige urbane Leben gewöhnlich kennzeichnet: Marginalität, Armut, Uniformität, Mobilität, Standardisierung, Entsozialisierung, Unpersönlichkeit, Misstrauen, Anonymität. All diese Charakterzüge werden uns auch als Bezugspunkte in der amerikanischen *suburbia* dienen. Zwar hätten uns andere Orte ebenso gut bei der Erforschung der Randzonen unserer Alltagserfahrung helfen können: Einkaufszentren, Tankstellen, Raststätten etc. Denn in diesen Gegenden der Stadt ohne Eigenschaften zirkuliert eine ganz ähnliche Logik der Raumnahme: die Zersplitterung des Zentrums zugunsten eines transitiven und mobilen Raums, in dem die Verbindung mit der Welt verloren zu gehen droht. Diese Überlegungen aber richten sich vor allem auf das Motel, weil es in den Städten und insbesondere im literarischen wie kinematographischen Imaginären und in der Bilderwelt ihrer Bewohner einen ganz besonderen Platz einnimmt. Sie sind der Versuch, eine vollständige Anatomie des Motels zu beschreiben, diesen architektonischen und sozialen Körper in all seine Grundelemente zu zerlegen, ob sie sich nun auf das wirtschaftliche Leben beziehen, auf die Weise, wie man sich im Raum fortbewegt, oder auf die menschliche Fähigkeit, dem einen Sinn zu geben, was ganz offensichtlich bestens ohne einen solchen auskommt.

PLAZA
MOTEL
VACANCY

ECONOMY INN
VACANCY
AAA
SUPER 8 MOTEL
22
CLEANROOMS
KING QUEEN
HBO ESPN
TRUCK RV PARK

Autopsie des Motels

1.

Randzonen

»Ein Motel ist ein Motel, ganz egal wo.«

Robert Venturi, Lernen von Las Vegas

»Oft habe ich vom Zug oder vom Autobus mit Neid auf solche Lagerplätze geblickt, die man *court* oder *motel* nennt. Man könnte an ein modernes Nonnenkloster denken. Holzhäuschen mit anschließender Garage stehen rings um ein eingezäuntes Gehege. Sie werden an durchfahrende Automobilisten für eine oder mehrere Nächte vermietet.«

Simone de Beauvoir, Amerika. Tag und Nacht

Am Stadtausgang gelegen, der noch nicht im Verkehr erstickt und wo Bauland billiger ist, grenzt das Motel an eine Tankstelle oder ein Einkaufszentrum, dessen architektonischen Stil es häufig übernimmt. Als Verschachtelung von Motor und Hotel, von Straße und Wohnstatt definiert es sich grundsätzlich als das, was es nicht ist. Es ist weder ein »traditionelles Hotel, das sich im Stadtzentrum befindet, noch ein Landgasthaus«.[2] Es ist auch keine abseits der Stadt gelegene Hotelanlage, die über ganz bestimmte Einrichtungen wie Eingangshalle, Speisesaal, Bar, Versammlungsräume, Park- und Sportanlagen verfügt. Und es ist auch kein Familienbetrieb wie eine Pension oder ein Gästezimmer, wo Privatpersonen andere Privatpersonen bei sich aufnehmen. Was also ist es?

Das Motel präsentiert sich als einfaches, oftmals ebenerdiges Gebäude, das seinen Durchgangsgästen nur einen einzigen Service bietet: einen Raum zum Schlafen. Durch seine gewöhnliche Form und seine einfachen Materialien ähnelt es einer Lagerhalle, versehen mit identischen Fenstern und einem Eingangsbereich von spartanischer Einfachheit, in dem ein beißender Geruch nach Reinigungsmitteln jeden Sinn für Gastlichkeit betäubt. Die Zimmer sind zumeist schmucklos, gerade mal mit dem notwendigsten Komfort ausgestattet (Betten, Dusche, Waschbecken, Fernseher), ganz in der Nähe eines Parkplatzes und untereinander in einer monotonen Anordnung verbunden. Man hält hier an, um eine, höchstens zwei Nächte zu verbringen, am Rande der Stadt, beinahe am Rande des Lebens, schließlich bringt man diesem Aufenthalt im Allgemeinen keinerlei emotionales oder ästhetisches Interesse entgegen. Allein der niedrige Preis lockt. Bequeme Zahlungsweise, direkter Zugang, einfacher Service, ein sicherer Parkplatz tragen ebenfalls einiges zu unserer Entscheidung bei. Die Logik des *Wenigen* bestimmt insgesamt unsere Nutzung des Motels. Für den Stadtmenschen ist die Billigkeit des Aufenthalts nicht nur ökonomischer Art; sie schont nicht nur seinen Geldbeutel, sondern auch seine Nerven. Indem das Motel eine Form stiller Abgeschlagenheit befördert, bringt es seine Besucher dazu, mit Gesten und Worten zu sparen und sich von der anästhesierenden Einfachheit des Banalen überwältigen zu lassen.

Die allgemeine Atonie der Schlafunterkunft findet ihre Entsprechung in der formlosen Art und Weise, den Raum zu beziehen: Die administrativen Formalitäten, die gewöhnlich den Bezug eines Hotelzimmers begleiten, beschränken sich hier auf das Allernötigste. Es genügt, seinen Namen anzugeben oder noch einfacher die Autonummer, und wenige Sekunden später steuert man schon auf sein Zimmer zu. Ebenso sind alle sozialen Umgangskodes, die mehr oder weniger stillschweigend die Beziehungen in einem öffentlichen Gebäude regeln, hier auf wenige Floskeln reduziert, auf die rudimentäre Geste, seinen Schlüssel entgegenzunehmen und wieder abzugeben *(check in/*

check out). Die minimale Kodifizierung der Anlage färbt auf das menschliche Verhalten ab. Der Austausch zwischen den Gästen beschränkt sich auf eine einzige, äußerst kümmerliche gegenseitige Erwartung, die darin besteht, dass man nicht in den Bereich des anderen eindringt, dass man ihm nicht auf die Pelle rückt – diesem anderen, der zugleich an- und abwesend ist und durch seine Diskretion beinahe geheimnisvoll wird, den man flüchtig am anderen Ende des Ganges errät, während er sein Zimmer betritt oder hinter der Zwischenwand hustet, aber dem man dank der räumlichen Anordnung des Motels kaum begegnen kann. Selbst wenn die Reisenden oder die Geschäftsführer eine tiefere Beziehung anknüpfen wollten, brächte die Struktur der Anlage sie sofort wieder davon ab. In einem Motel ist rundum vorgesorgt, um jeden Versuch, »Sympathieebenen« zu begründen, sanfte Übergänge zwischen verschiedenen Stimmungen oder von einem Wort zu einer Geste zu schaffen, sofort zu unterbinden. Über allem herrscht gebieterisch die Disjunktion und wirft jeden Einzelnen auf seine eigene, private Erfahrung zurück, die keine Türen und Fenster nach außen hin kennt.

Es erübrigt sich zu sagen, dass die reservierte Haltung der Gäste in starkem Kontrast zur totalen Sichtbarkeit der Anlage steht. Im Rückzug zu sich selbst bewahren sie sich ihre Individualität angesichts eines Gebäudes, das für alle Blicke offen ist. In einer derart transparenten Welt hoffen sie, sich ein Geheimnis zu bewahren, indem sie sich hinter einer gleichgültigen Miene verstecken. Ohne die geringste Kommunikationsabsicht anzudeuten, gehen sie schweigend aneinander vorbei und verschwinden in ihren Zimmern. Gegen ihren Willen von der architektonischen und sozialen Einfachheit erfasst, die sie beherbergt, übernehmen sie die minimalistische Ethik des *do not disturb*. Ganz offensichtlich ist hier jede signifikante Äußerung zu viel, eine einfache Angabe (des Preises, der Zimmernummer, der Uhrzeit der Schlüsselrückgabe etc.) genügt. Wie aber ist es dazu gekommen? Welche historischen und sozialen Phänomene haben zu der Erschaffung dieses ebenso merkwürdigen wie bedeutungslosen Ortes geführt?

Nach dem Ersten Weltkrieg, in einer Phase großen wirtschaftlichen Wachstums, taucht an den Rändern nordamerikanischer Fernstraßen eine der ersten architektonischen Formen auf, die ganz und gar vom Automobil bestimmt sind: die Motels. Sie heißen *Cabin Camps*, *Tourist Courts* oder *Auto Courts*. Von den ersten motorisierten Urlaubern freudig begrüßt, bieten sie einen etwas weniger dürftigen Komfort als die Campingplätze, mit denen sie freilich in den Anfängen noch verbunden waren. Diese Autocamps bestehen zum Großteil aus Einheiten kleiner, bescheidener Holzhütten, die als U oder T um einen großen Parkplatz herum angeordnet sind. Sie ersetzen die Zeltplätze, die den Touristen in den ersten Jahren des 20. Jahrhunderts einen billigen Rastplatz boten. Nun verschaffen die noch getrennt stehenden Bungalows den Gästen ein Dach über dem Kopf und feste Wände. Nach und nach werden sie miteinander verbunden und bilden nur noch eine einzige Zimmerflucht.

Mit dem nur ihm eigenen Sinn für das Praktische hat der amerikanische Lebensstil im Motel mit einem einzigen Streich zwei wesentliche Anliegen einer neuen sozialen Klasse verbunden: Mobilität und Komfort. Die erste dieser neuartigen Einrichtungen, die diesen Namen annehmen sollte, war das *Milestone Motel*, das am 12. Dezember 1925 in San Luis Obispo (Kalifornien) seine Türen öffnete. Offiziell tauchte die neue Bezeichnung erst ein Jahr später in der Zeitschrift *Hotel Monthly* auf und wurde von da an der gebräuchliche Begriff für Hotels, die nicht im Stadtinneren liegen, sondern in den Randzonen. Dennoch ist das Motel keine bloße kommerzielle Einrichtung, die sich an den Peripherien der Stadt befindet. Es stellt ebenso einen mentalen Raum dar, eine Art Sensorkasten, der den emotionalen Pulsschlag jedes Reisenden verstärkt, der hier ein Zimmer bezieht.

Was am Aufkommen dieser neuen Form von Regionalarchitektur vollkommen überraschte, war die sofortige Perversion seiner ursprünglichen Funktion. Anfänglich für die ersten motorisierten Touristen bestimmt, sollten die Motels sehr schnell zu Orten werden, die von weniger ehrenwerten Intentionen beherrscht wurden: *geheimer Treffpunkt* für unerlaubte Liebesbeziehungen, *Unterschlupf* für einheimische oder auf der Flucht befindliche Kriminelle, *Versteck* für gesetzlich verbotene Waren etc. Außerhalb der Stadt an ruhigen und isolierten Orten errichtet, sind sie vor Blicken und Gerede geschützt, der normativen Zentralität entzogen. Außerhalb der Reichweite der städtischen Polizei stellen sie den erträumten Ort für Begegnungen dar, die sich jenseits der Norm bewegen. Die Anonymität der Anlage erlaubt dem, der es wünscht, in den Kulissen zu verschwinden. Der Geschäftsführer, der sich durch fast absolute Diskretion auszeichnet, stellt keine Fragen, weder über die Richtigkeit des angegebenen Namens noch über die tieferen Gründe des Aufenthalts. Für ein paar Dollar vermietet er jedem x-Beliebigen und ohne genau hinzusehen ein Zimmer. Als elementare Form der Gleichgültigkeit ist diese Diskretion selbst Teil der räumlichen Anordnung der Anlage. Sie weist auf eine Haltung hin, die ebenso formalen Respekt vor dem Gesetz bedeutet wie Toleranz gegenüber seiner Überschreitung, vorausgesetzt sie bleibt geheim.

1935 zeigte eine Studie des Instituts für Soziologie der Southern Methodist University in Dallas, dass die Motels der Stadt hauptsächlich als Ort der Begegnung für außereheliche Liebesaffären dienten (von 109 Paaren, die in einem Zeitraum von 10 Tagen ein Zimmer gemietet hatten, hatten 102 einen fiktiven Namen und eine fiktive Adresse angegeben). Die Idee einer durch und durch rationalisierten Gesellschaft, in der Ökonomie, Gesellschaftsleben und Alltagswelt in Gänze einer Logik gemeinschaftlichen Handelns unterworfen sind, erreicht hier ihre natürliche Grenze. Die allmächtige Rationalität, die darauf abzielt, aus der unförmigen sozialen Materie einen disziplinierten Körper zu formen, muss feststellen, dass sie da, wo sie das Wirkliche bis in die architektonische Form des Motels hinein beherrscht, letztlich daran scheitert, alle Verhaltensweisen zu vernichten, die ganz offensichtlich nicht auf den Willen zur allgemeinen Rationalisierung antworten.

In diesem besonderen Kontext ist es keineswegs erstaunlich, dass sich das FBI, der moderne Garant des Credos des *größtmöglichen Glücks für alle*, näher für diese urbanen Räume zu interessieren begann, die sich auf ganz neue Weise den Normen des gewöhnlichen Lebens entzogen. Die öffentliche Moral, Garant der nationalen Einheit, hätte so gravierende Versäumnisse gegenüber der Gemeinschaft auch nicht dulden können. Seit Anfang der vierziger Jahre wurden Tausende von Agenten durch das ganze Land geschickt, um eine methodische Erfassung aller Motels (1944 waren es 36.000), ihrer Kapazität, ihres Standorts und ihrer Inhaber vorzunehmen, mit dem Ziel, herauszufinden, was es mit diesen Zonen des Quasi-Untergrunds wirklich auf sich hatte. Wenn der Kalte Krieg an die Türen des eigenen Lands klopft, darf der innere Feind nicht unterschätzt werden, und so rückten Motels im kollektiven Imaginären an die Stelle, die zuvor der Fünften Kolonne zufiel. Der Gegner ist in seinem Motelzimmer postiert und wartet nur darauf, dass seine Stunde schlägt. Er arbeitet seine Pläne aus, überprüft seine Waffen, wiederholt im Geiste den kommenden Ablauf der Operation.

In einem Artikel, der im Februar 1940 in der populären Zeitschrift *The American Magazine* erschien, greift J. Edgar Hoover, der Gründer des FBI, persönlich und mit Leidenschaft das an, was er die »Lager des Verbrechens« nennt, während auf dem Alten Kontinent andere und wirklich kriminelle Lager ihr dreckiges Geschäft aufnehmen. Hinter den blinkenden Leuchtschildern der Motels, so sein wesentliches Argument, verstecken sich »Hochburgen des Lasters und der Korruption«. Das Übel nistet im Herzen der alltäglichen Ruhe, jederzeit bereit, aus dem behaglichen Komfort der modernen Annehmlichkeiten hervorzubrechen. Hoovers Aversion war umso stärker, als der technische Fortschritt, die Mutter des Motels, der Tankstellen, der Drive-Ins, mit jeder Form sozialer Abweichung hätte Schluss machen und die Fähigkeit zur Kontrolle und Parametrisierung der Gesellschaft erhöhen sollen. Dass Schrecken und Verbrechen gerade an den Orten auftauchten, die aus dem Inneren der normalisierten Gesellschaft heraus entstanden waren, war nun wirklich zu viel. Das Schock-Argument des FBI-Chefs bestand in wenigen Zeilen: »Die Fakten sind klar. Der Großteil der 36.000 Motels, die sich in den USA befinden, bedrohen den Frieden und die Sicherheit der Gemeinschaften, in denen sie sich festgesetzt haben, und all derer unter uns, die die motorisierte Öffentlichkeit bilden. Der Großteil von ihnen sind nicht einfach nur Verstecke und Orte der Begegnung, sondern veritable Operationsbasen, von denen aus Desperado-Gangs die Umgebung angreifen.« Ironie des Schicksals, dass ausgerechnet die neuen Bequemlichkeiten, die das Alltagsleben verschönern sollten, abweichende Effekte bergen und so Zweifel am humanen Wert des technischen Fortschritts aufkommen lassen.

Die standardisierte Konzeption des Ortes, die jedermann dazu zwingen sollte, sich vernünftigen Verhaltensrichtlinien zu unterwerfen, muss das Scheitern ihrer rein auf Vernunftregeln beruhenden gesellschaftlichen Produktion zur Kenntnis nehmen. Das sogenannte Mysterium des Lebens ist in Wirklichkeit nichts anderes als ein Widerstand gegen diese logische Systematisierung, ein Widerstand, der sich nicht in die Gewänder der Theologie zu hüllen braucht, um sich »Mysterium« zu nennen. Da es sich nicht mehr im stets veränderlichen Fluss menschlicher Begegnungen ohne vorher festgelegten Kontext ausleben kann, wählt es, eingeengt in die Zwangsjacke ökonomischer Vernunft, den Untergrund. An die Stelle des einfachen Mysteriums rückt so ein obskurer Reiz, eine Vorliebe für Randzonen, ein Flirt mit der Illegalität, die einzige verfügbare Zone, in der vitale Spontaneität noch einen Sinn hat. Der Stadtmensch, der von der unvorhersehbaren Bewegung des Lebens abgeschnitten ist und ständig unter dem Druck steht, sich den starren Normen sozialer Kontrolle zu unterwerfen, zieht dem Komfort des gesicherten Lebens diese Zonen der Instabilität vor und ist dafür bereit, jede Bindung an eine Gesellschaft aufzukündigen, die unfähig ist, jene formende Kraft in sich zu bewahren, welche ihre eigene Alltäglichkeit konstituiert.

Die Anziehungskraft der unsicheren Zonen der Illegalität, die das Motel auf jeden Städter ausübt, erklärt sich somit aus der Tatsache, dass die technische Rationalität und die Rationalität des Marktes durch die vorsätzliche Produktion uniformer Gebäude alles, was sich nicht dieser Kargheit unterwirft, in den rechtsfreien Raum verbannen. Die extreme Monotonie der Anlage zwingt jedes singuläre Element, das ihr mit Ablehnung begegnet, dazu, sich die Maske des Unzulässigen überzuziehen, will es hierbleiben. Indem es die Realität am Einheitsmodell der Warentrivialität ausrichtet, verwandelt das System, aus dem das Motel hervorgegangen ist, unbemerkt alles, was sich dieser Vereinheitlichung entgegensetzt, in einen Bodensatz an Unreinheiten. Die Standardisierung bemerkt gar nicht, dass sie selbst Komplizin dieser Missachtungen und Vergehen ist, dass sie dem Leben, das sie vereinfacht, keine andere Wahl lässt als die der ironischen, ästhetischen oder kriminellen Überschreitung. Während man beim Aufenthalt in einem Hotel ständig mit der geographischen und historischen Originalität von Ort und Persönlichkeiten konfrontiert wird, wird die Idee tatsächlicher Einzigartigkeit beim Leben in einem Motel gänzlich aufgegeben, und wenn diese Idee sich dennoch einmal durchsetzt, weil irgendwer darauf beharrt, sich die Örtlichkeit zu eigen zu machen, dann kann dahinter nur eine zwangsläufig verurteilungswürdige Absicht stehen. Paradoxerweise wird gerade dadurch, dass dem Motel jede persönliche Note abgeht, das Auftreten singulärer Existenzweisen ermöglicht, die sich in der Verweigerung ihre Menschlichkeit bewahren. Die Entbindung lohnt für sie jede Enthemmung.

Was Hoover vorausahnte (wenngleich seine bissige Prosa es nicht deutlich genug zum Ausdruck brachte), war, dass die Schwäche sozialer Bindungen in Motels das unterschwellige Vorhandensein von Beziehungen verdeckt, die gerade in der Lockerung menschlicher Interaktionen und in der gewollten Unterschiedslosigkeit eigentlich hierarchischer Beziehungen erblühen. Als würden diese städtischen Randzonen, die aus dem Zerfall und der Prekarisierung des sozialen Netzes entstanden sind, letztlich in einer Art Mimetismus Menschen anziehen, die selbst in Auflösung begriffen, flüchtig und bindungslos sind. Ließen diese Orte sich nicht auch deswegen von Desperados zu deren Vorteil zweckentfremden, weil sie in ihrer räumlichen Anordnung eine derartige Zweckentfremdung zugelassen und dadurch überhaupt erst die Möglichkeitsbedingungen für eine Subversion auf dem eigenen Grund und Boden geschaffen haben?

In einem Motel bilden sich, auch wenn dies sicherlich schwierig ist, dennoch Netze heraus, denen die Öffentlichkeit noch nicht ihren Stempel aufgedrückt hat; diese verlängern die verwundbare Erfahrung sozialen Verhaltens über jede private Einhegung hinaus. *Individuum* und *Gemeinschaft* versuchen sich so aus dem Weg zu gehen, wobei sie beide einen Ausdruck des Misstrauens zur Schau stellen, den die Anlage der Örtlichkeit noch begünstigt; und dennoch bilden sie in ihrem Versuch, sich gegenseitig auszuschalten, eine Einheit. Jedes Ereignis (eine Spritztour, ein Rendezvous, eine Begegnung vor dem Getränkeautomaten, selbst eine Auseinandersetzung) wird wie eine kleine Welt erlebt, die sich auf Abstand zum geregelten Makrokosmos des öffentlichen Raums hält. Obwohl es scheint, als würden sie diesen nicht antasten, führen die klandestinen oder gesetzlosen Nutzer neue

Verhaltenskodes ein, die den gewöhnlichen Leserastern entgehen. Unentwegt erneuern sie den sozialen Genius des menschlichen Wesens, indem sie Formen regulierter Beziehungen erfinden, die dennoch außerhalb der Norm liegen. In diesen strebt ein raues, gelöstes niederes Leben nach Entfaltung, das gleichwohl von einer Großzügigkeit durchdrungen ist, die sich gerne unscheinbar und niedrig gibt: eine Lebensweise, erfüllt von edler Nonchalance, auch wenn sie für andere strafbar erscheinen mag, eine Weise dcs Sehens und Handelns, die in den winzigen Nichtigkeiten der täglichen und urbanen Existenz wurzelt.

Im Lichte dieser Überlegungen lässt sich behaupten, dass die Ungebundenheit für die unlauteren Nutzer des Motels eine Weise gesellschaftlicher Existenz darstellt. Paradoxerweise sozialisieren sie sich gerade durch ihren Widerstand gegen den Druck wechselseitiger Verpflichtungen. Befreit von jeder offiziellen Aufgabe, kann die urbane Existenz in völliger Straffreiheit ihren eigenen Weg gehen. Im Schatten des Gesetzes, das, reduziert auf das einfache interne Regelwerk des Motels, von der kollektiven Energie der Gemeinschaft nicht mehr ausreichend getragen wird, nährt diese Existenz ihren Wunsch, alles aus sich selbst zu beziehen – ein autarkes Leben *ex nihilo*, auf Gedeih und Verderb. Der mehr oder weniger einvernehmliche Rückzug ins unpersönliche Motel sichert dem Menschen, der in unbeweglicher Flucht durch konturlose Vororte irrt, seine Präsenz gegenüber der Stadt und seinen Mitmenschen.

Das Motel fordert uns dazu auf, über folgende Tatsache nachzudenken: Der sozialen Natur graut es vor der Leere. Sobald sie auf einen Ort trifft, so banal er auch sein mag, belegt sie ihn mit einem wenn auch kümmerlichen Sinn. Immun gegen jeden Nicht-Sinn schreibt sie ihm sofort neue Erfahrungen zu, unerhörte Bedeutungen, ja sogar halb heilige, halb profane Erleuchtungen. Sie kann der Versuchung spiritueller Projektion einfach nicht widerstehen und überdeckt alles mit ihren eigenen Angelegenheiten. Das Motel? Urbanes Niemandsland, das wohl – doch eines, das sofort in einen gesellschaftlichen Zusammenhang rückübertragen wird, der die geschmacklose Architektur Schritt für Schritt in einen letztlich doch bewohnbaren Raum umwandelt. Noch das belangloseste Element des alltäglichen Panoramas birgt unterschwellige Möglichkeiten unvermuteter Sinnzuschreibungen. Gemäß den vier Weisen der Herausbildung einer Landschaft (sprachlich, literarisch, malerisch und gärtnerisch)[3] kleidet somit die menschliche Existenz das urbane Territorium unaufhörlich in Worte, Lebensschilderungen, Eindrücke und Erinnerungen, um es gewissermaßen zum Werk umzubilden. Dass dies letztlich auch die Weise ist, in der sich die sozialen Gegenstände, die ursprünglich für einen genau umschriebenen Gebrauch bestimmt waren, von ihrer eigentlichen Aufgabe freimachen, um unverzüglich einen exzentrischen Habitus anzunehmen, der in ihrem anfänglichen Plan nicht vorgesehen war, muss unfehlbar die Verlegenheit staatlicher Behördenvertreter hervorrufen, deren Archetyp Hoover darstellt.

Es ist nicht das geringste Paradox der säkularisierten Moderne, dass aus ihren verschiedenen funktionellen Erzeugnissen, die alle aus derselben technischen Konzeption der Welt hervorgegangen sind, manchmal Praktiken und Gebräuche entstehen, in denen der nebulöse Bann des Heiligen fortbesteht: Leidenschaften, Opfer, Verehrungen, Ängste, Mythen. Im Kern der vom Massenkonsum vereinnahmten Alltäglichkeit leistet das Leben so der funktionalistischen Säuberung Widerstand, indem es jene Verhaltensweisen zutage treten lässt, die von einer gemischten, laienhaften und nicht-offiziellen Religiosität zeugen, als ob im modernen Zeitalter der Entzauberung der Welt die fundamentalen Riten der Religion (Taufe, Beerdigung, Jüngstes Gericht, Eheschließung, Kommunikation mit dem Jenseits etc.) unbemerkt und in bunt zusammengewürfelter Form in das alltägliche Leben hinübergewandert wären und dort unkenntlich und heimlich in einer Umgebung weiterexistieren würden, die bar jedes Mystizismus ist. In dieser Hinsicht wäre das Motel entweder als ein Element zu verstehen, das die funktionelle Vereinfachung der suburbanen Existenz verkörpert, oder aber als ein Ort, der die Bühne für ein neuartiges soziales Zeremoniell freigibt, welches, obwohl es äußerlich die Regeln der rationalen Marktlogik und ihrer technischen Annehmlichkeiten respektiert, von Zeit zu Zeit buchstäblich magische Eindrücke, Handlungen und Rituale produziert.

Was in diesem endlosen Austausch zwischen einem Ort und seinen Bewohnern unsere Aufmerksamkeit erweckt, ist insbesondere die Zurschaustellung einer neuen *Lebensform*, die nach und nach die Grenzzonen der Stadt überschwemmt. Trotz seiner einfachen Form und seiner scheinbaren Banalität befindet sich das Motel immer am Kreuzungspunkt einer doppelten menschlichen Sehnsucht, der es verpflichtet bleibt: Schutz und Abenteuer, Komfort und Rastlosigkeit, Haus und Straße. Wie auch immer sie sich genau gestalten mag, die Erfahrung einer in einem Motel verbrachten Nacht oszilliert unablässig zwischen Sicherheit und Unsicherheit, zwischen dem Wunsch, sich einzukuscheln, und dem, sich zur Schau zu stellen, im Bett zu bleiben oder an den

Türen zu lauschen oder sie gar zu öffnen, um an einer verbotenen Intimität teilzuhaben. Durch die weißen Trennwände, die einen umgeben, fühlt man sich hier geschützt und zugleich durch die meist trostlose Atmosphäre, die wir hinter ihnen vermuten, beunruhigt. Man möchte sich der Welt am liebsten entziehen und spürt doch zugleich, dass sie jeden Augenblick an die Tür klopfen könnte.

2.

Geschichten

»Am Horizont der modernen Welt
geht die schwarze Sonne der Langeweile auf.«
Henri Lefebvre, Kritik des Alltagslebens

»Das Sea Bass Motel war ein L-förmiges Gebäude aus dunkelbraunem Holz, das recht neu wirkte. Gleich rechts befand sich das Büro, wie es das über der Tür angebrachte Neonschild in roten Buchstaben verkündete. Etwas weiter oben blinkten blau und grün die Worte ›Sea Bass Motel‹, wahrscheinlich als eine Anspielung auf das Meer, und daneben schien ein roter Neonfisch zu schwimmen, der einem Lachs ähnelte. Darunter stand in ebenfalls roten Buchstaben zu lesen: ›Zimmer frei‹.«
Richard Hugo, Death and the good life

Eine phänomenologische Untersuchung des Motels muss der Lyrik der belanglosen Dinge, der Poesie des Banalen, der gefühlsduseligen Feier der *kleinen Nichtigkeiten*, in der sonst gerne schwelgt, wer sich mit der Alltagswelt beschäftigt, rundweg entgegentreten. Trocken und objektiv muss sie eine asketische Haltung der rein protokollarischen Feststellung annehmen, die keine Zugeständnisse macht. Wie ein emotionsloser Gerichtsmediziner horcht sie den anonymen Leichnam des Opfers ab und spricht derweil die Symptome des Ablebens ins Diktaphon. Es geht hier also darum, das gewöhnliche Leben weder als Ausdruck stets erfindungsreicher und raffinierter Praktiken anzusehen noch als erfüllte und authentische Präsenz, die ein philosophisches Sprechen nur verzerren würde, sondern eher als ein Kampfplatz, auf dem sich Probleme und Anschauungen gnadenlos gegenüberstehen.

Durch eine systematische Erforschung des Motels als ein »mit Sinn belegtes Objekt«, über das sich immer neue signifikante Schichten legen, die von Architektur und Wirtschaft, Geschichte und Technik gespeist werden, müsste sich von Anfang an begreifen lassen, wie Amerika auf eigenem Grund und Boden und vor aller Augen die Lebensformen entwickelt, die unseren Alltag bestimmen werden, wie es skrupellos und am lebenden Objekt mit den Technologien der Zukunft experimentiert, wie es die *Sitten und Gebräuche* festschreibt, die nur allzu bald die unseren sein werden, ohne dass man eigentlich zu sagen wüsste, wie und warum dies geschehen ist. Weil es jedwede Erfahrung auf eine Armut der Erfahrung reduziert, die im Gedächtnis keine Spuren hinterlässt, verkörpert das Motel zweifellos die *vita povera* unserer Zeit. Bereits vor dem Zweiten Weltkrieg hatte Walter Benjamin erkannt, dass die langsame und kontinuierliche Abwertung der alltäglichen Existenz im Grunde der Unmöglichkeit entspricht, dass sich das *Erlebnis* in eine tatsächliche, von innen heraus wachsende *Erfahrung* umwandelt; in eine Errungenschaft also, die sich in der Folge auch anders verwenden lässt und dadurch mit anderen kommunizierbar wird.

Doch das urbane Leben, so arm es auch sein mag, bleibt doch voller Möglichkeiten. Der Lakonismus der technologischen Sprache, der sich in der materiellen Dürftigkeit des Motels unmittelbar widerspiegelt, ist selbst von natürlichen, kulturellen, ästhetischen, theologischen und politischen Subschichten überfrachtet, die man zutage fördern muss. Das Motel erlaubt uns somit, die vielfältigen Ursprünge des urbanen Sozialverhaltens der Gegenwart in den Fokus zu rücken, indem einige exemplarische Figuren des sozialen Tatbestands trotz ihrer Marginalität und Niedrigkeit herausgearbeitet werden. Zwar ist das Motel selbst nicht das Ergebnis einer solchen sozialen Reflexivität, doch hält es der Gesellschaft dennoch eine Spiegelscherbe vor, in der sie sich selbst ins Gesicht schauen kann – auch wenn dies in deutlich ungeschliffenerer Form erfolgt als für gewöhnlich, wenn sie nach Formen der Selbstdarstellung sucht, die sie gerade deswegen verzerrt wiedergeben, weil sie allzu repräsentativ sein wollen.

NO VACANCIES. Nach einem langen Tag im Auto sehnt sich jeder Reisende nach Ruhe, vor allem aber will er jeden Zwang vermeiden, den eine menschliche Beziehung unvermeidlich mit sich bringt. Und so zieht er sich lieber von seinesgleichen zurück, anstatt noch irgendwelche Gespräche führen zu müssen, die seine körperliche und geistige Verfassung nicht mehr zulässt. Ihm ist absolut nicht nach Gastlichkeit zumute. In einem Geisteszustand, der nur noch nach Ruhe lechzt, will er unter besten Bedingungen empfangen werden, das heißt in diesem Fall: unter minimalen. Das ausschlaggebende Kriterium für einen Gast, um in einem Motel abzusteigen, besteht also in jener Logik der Autonomie, die ihn jeden Kontakt kappen lässt. Alles in allem geht es für ihn darum, tatsächlich komplett *abzuschalten* und den Reflexbogen des alltäglichen Lebens zu unterbrechen, der ihn unablässig dazu zwingt, auf seine Umwelt zu reagieren. Hierfür bietet das Motel den idealen Raum einer architektonischen Abschaltung, in der äußere Interferenzen und menschliche Interaktionen auf Null reduziert sind. Kein Restaurant, in dem man sich zeigen, kein Angestellter, mit dem man sprechen muss: die absolute Erholung durch Rückzug auf sich selbst und Gleichgültigkeit gegenüber der Welt. Die psychologische Distanz, die die Gäste zwischen sich schaffen, erzeugt die Illusion einer reichen und selbstgenügsamen Innerlichkeit.

Die Innenausstattung eines Motelzimmers beschränkt sich ebenfalls auf das Wesentliche. Es besteht aus einem etwa 16 m^2 großen Rechteck, das in zwei Teile geteilt ist: Der Hauptraum, in dem sich ein oder zwei Betten befinden (von unterschiedlicher Größe, *queen size* oder *king size*, damit man sich eine Nacht lang wie ein Gott in diesem vollkommen belanglosen Mikro-Königreich fühlen kann), ein Nachttisch, auf dem sich vorschriftsgemäß eine Lampe und ein Telefon befinden und dessen Schublade als einzigen Lesestoff eine Bibel und einen Motelprospekt enthält, zwei oder drei Stühle (oder ein Sessel) und eine Wandkonsole, auf der der Fernsehapparat angebracht ist; und dann das Badezimmer von unbefleckter Weiße, in dem die einzigen verfügbaren Accessoires in Zellophan eingeschweißte Plastiktrinkbecher und gestärkte Handtücher sind. Betritt man den Hauptraum, dann befindet sich der Heizkörper meist unter dem großen Glasfenster in einer kastenförmigen Verschalung, die die ganze Länge des Zimmers einnimmt. In Kontrast zu den abweisend nackten Wänden verleiht der oft dicke und flauschige Teppichboden dem Ganzen einen Hauch von Annehmlichkeit. Allerdings geht von ihm auch ein hartnäckiger Schimmelgeruch aus, der wohl den starken Temperaturschwankungen geschuldet ist, denen die Auslegeware permanent entweder durch die zu kalt eingestellte Klimaanlage im Sommer oder die Überheizung im Winter ausgesetzt ist. Manchmal lockern ein oder zwei gerahmte Bilder oder einfache Reproduktionen die nackten Zimmerwände auf. Im Übergang vom Hauptraum zum Bad bietet eine Vertiefung Platz für einen Einbauschrank mit Schiebetüren, in dem man eine zusätzliche Decke und ein Dutzend Kleiderbügel finden kann. Was das materielle Inventar betrifft, ist das auch schon so ziemlich alles, was es an Bemerkenswertem zu verzeichnen gibt. Denn trotz der großen Unterschiede zwischen ihren geographischen Lagen, ihren Besitzern und ihren Geschichten sind die Hunderttausende von Motelzimmern, die in der ganzen Welt verfügbar sind, lediglich die Replik dieses einen, zeitlosen Entwurfs.

Als eine in sich geschlossene Welt, als eine Art *res privata* an der Peripherie einer jeden *res publica* stellt das Motelzimmer ein autarkes Gebilde dar. In gewisser Weise betont es den Solipsismus des Individuums, indem es ihm wasserdichte Trennwände verschafft. Es geht direkt zum Parkplatz hinaus, als wolle es dadurch seiner kategorischen Weigerung Ausdruck verleihen, ein Gebäude zu werden. Im Grunde phantasiert es sich ständig woandershin, weder an die Straße noch ins Gebäude. Als schlichtes *Alibi* hat es sich einen Platz auf der Welt erringen können, ohne ihn durch einen echten Standort zu rechtfertigen. Der Reisende bringt seinen Eisbecher, sein Sandwich, seinen Pulverkaffee, sein Fernsehprogramm dorthin mit und wird den Raum die Nacht über nicht mehr verlassen. Er wird dem permanenten Zugriff auf seinen Lebensraum durch die zahllosen Einflüsse der Welt Einhalt geboten haben, die unablässig sein Bewusstsein beanspruchen und ihn dazu zwingen, ihnen Aufmerksamkeit zu schenken. Das Motelzimmer wird so zu einem *totalen Schirm*, der einen von Wänden umgrenzten Ruheraum von der Welt abtrennt, ohne dazwischen einen anderen Berührungspunkt zu lassen als die Tür. Diese Tür trennt zwar den Reisenden von der Reise, grenzt aber dennoch keinen privaten Raum ab. Denn ihre Rolle besteht nicht darin, einen Ort zu definieren, den sich der Gast im Gebrauch aneignen könnte; vielmehr zeigt sie sich dem

Raum und seinen Insassen gegenüber vollkommen gleichgültig. Darum ist es nicht weiter erstaunlich, dass eine in einem Motel verbrachte Nacht eine doppelte Ausschließung erzeugt, die in ihrer Art einzigartig ist: Sie schließt Öffentlichkeit und Privatsphäre gleichermaßen aus.

Vielleicht lag es an dieser einzigartigen Topographie, dass Michel Foucault in einem 1967 geschriebenen Artikel, der lange unveröffentlicht blieb, das Motelzimmer dem zuordnete, was er »andere Räume« nannte:

»Dieser Heterotopietyp, der in unseren Zivilisationen praktisch verschwunden ist, ließe sich vielleicht in den Zimmern der amerikanischen Motels wiederfinden, wo man mit seinem Wagen und mit seiner Freundin einfährt und wo die illegale Sexualität zugleich geschützt und versteckt ist: ausgelagert, ohne ins Freie gesetzt zu sein.«[4]

Dieser »andere Raum« bezeichnet einen Ort, der eine Anzahl räumlicher Beziehungen umfasst, die sich nicht auf geographische und soziale Nachbarschaften beschränken lassen. Das Motelzimmer ist insofern *heterotopisch*, als es sich über die gewohnte Organisation des Raums in öffentlich und privat hinwegsetzt und eine eigene Anordnung bildet, die mit keiner anderen Raumgestaltung deckungsgleich ist. Sein Innenraum wird von einer besonderen Autorität beherrscht, die dem Ort sofort einen anderen Sinn und Wert verleiht, und zwar in Hinblick sowohl auf das Bild, das er nach außen hin für die Welt vermittelt, als auch auf seine funktionale und institutionelle Bestimmung. Verfügt ein Ort über die Fähigkeit, die Regeln der traditionellen Raumbeherrschung auszuhebeln, dann eröffnet er ein eigenwilliges Experiment, in dem ungewöhnliche Verhaltensarten erprobt werden. Als Gegenort dringt das Motelzimmer in den Raum ein und stellt ihn zugleich infrage. Es lebt von der permanenten Spannung, die in der klaren Abgrenzung von einem unendlichen Raum besteht, den es ausschließt und der doch zugleich seine Existenz ermöglicht.

DAS KALTE ZIMMER. Angesichts der Ware ist der Gast immer allein, eingeschlossen in seinen Entscheidungsmöglichkeiten. Von dieser solipsistischen Tendenz des kommerziellen Universums bildet das Motel keine Ausnahme. Seine topographische Struktur ist so angelegt, dass der Gast auf seinen Wegen, von denen man annimmt, dass sie so kurz und selten wie möglich ausfallen, jede ungute Begegnung vermeidet. Räumlich ist es so beschaffen, dass noch die geringste Konfrontation vereitelt wird. Weder innen noch außen ist ein Begegnungsraum für die Mieter vorgesehen. Kein Forum, kein Atrium. In der Rezeption stehen lediglich ein oder zwei Stühle, um jede Menschenansammlung zu unterbinden. Niemand kann sich sehen, da sich niemand sehen soll. Vielmehr ist alles dafür getan, um eine eingleisige Zirkulation der Personen und ihrer Autos in Richtung des eigenen Zimmers und wieder weg zu unterstützen, so wie auf den Richtungsspuren der Autobahn, die sie gerade erst verlassen haben. Überall bewirkt diese Kanalisierung das Ihre.

Das Motel zersplittert die menschliche Gemeinschaft in strikt voneinander getrennte und unabänderliche Standpunkte und stellt ihr zu viele Hindernisse in den Weg, als dass sie sich noch als

Einheit begreifen könnte. Aber gerade weil es jedes Zusammentreffen unterbindet, wird jede Begegnung, die sich allem Verbot zum Trotz doch einmal ereignet, zu etwas Außergewöhnlichem und Monströsem. Eingepfercht in ihre Zimmer bleibt den Gästen, wollen sie miteinander in Kontakt treten, im Grunde gar keine andere Wahl, als die friedliche Ordnung zu stören, in der sie allein dahindämmern. Indem sie den Fernseher zu laut stellen, indem sie vor der Tür des Nachbarn Streitgespräche führen, kurzum: indem sie so existieren, als würden die anderen nicht existieren, fordern sie unbewusst eine Konfrontation heraus, auch wenn sich diese in Form einer Beleidigung oder physischen Auseinandersetzung ereignen sollte. Jede Präsenz ist ihnen zu viel, und doch beunruhigt sie nichts so sehr wie ein verlassenes Motel.

Als ein Zimmer, das niemandem gehört, fern des eigenen Geburtshauses, als steriles Zimmer, in dem man sich nur ungern aufhält, ja noch nicht einmal ausruht, von dem man einfach nur ein paar Stunden Stillstand verlangt, kehrt das Motelzimmer die intime Beziehung um, die wir mit unserem Zuhause knüpfen. Es verfügt über die erstaunliche Eigenschaft, uns glauben zu machen, es sei ein verbotener Raum, der sich jeder Aneignung von außen entzieht. In seiner zeitlosen Beständigkeit schafft es das Wunderwerk eines selbstreferenziellen Raums, der seine eigenen Begrenzungen vergessen macht und den Insassen dazu bringt, sich nicht mehr darum zu scheren, was es an Anderem noch geben könnte. Für einen mehr oder weniger kurzen Moment erlaubt es, sich von der Hektik des äußeren Lebens freizumachen, die immer noch ganz nah im ständigen Kommen und Gehen der Autos auf dem angrenzenden Parkplatz zu spüren ist. Zugleich aber verschließt es einen jeden auch in seiner eigenen leeren und immer gleichen Identität, einem in Hinblick auf die Gesellschaft völlig abstrakten Element; isoliert, wie man ist, empfindet man sich selbst als ein abstraktes Element der Gesellschaft, das entweder für die Gesellschaft an sich oder ihr totales Gegenteil stehen kann – was letztlich auf dasselbe hinausläuft, handelt es sich doch um eine Erfahrung von großer Reinheit, die in vollkommener Einsamkeit gemacht wird.

Das Motelzimmer, diese scheinbar so saubere und ruhige Bühne, ist also wahrhaftig das Vorspiel des Schlafs, der, wie Heraklit bemerkte, jedermann auf seine private Welt zurückwirft. Dank seiner Fähigkeit, die Beziehungen zur Welt aufzulösen, reduziert es Präsenz auf den Konsum von Leere: Der eine fläzt auf seinem Bett und zappt sich durchs TV-Programm, ein anderer hängt nasebohrend im Sessel, alle genießen ihre Gleichgültigkeit, als bestünde eben darin ihre Emanzipation. Sie alle nehmen die vermeintlich temporäre Nichtigkeit ihrer Lage beim Wort, haben kein anderes Ziel, als mit der Umgebung zu verschmelzen und nehmen sogar in Kauf, zum Zerrbild ihrer selbst als Mann ohne Eigenschaften zu werden. Doch da sie ihrer eigenen pseudo-lebendigen Abstraktion unterworfen sind, können sie nur um den Preis einer angenommenen Verklärung hoffen, ihre Realität zurückzugewinnen; eine Verklärung, die sie nicht selten auf die lächerliche und verfehlte Phantasie verfallen lässt, ganz nah um sie herum würden sich außergewöhnliche Dinge ereignen und es bräuchte nur an ihrer Tür zu klingeln, damit sich die abgeriegelte Glasglocke, die über ihrem Zimmer lastet, sofort in die Bühne einer eigenartigen Zeremonie verwandelte.

Darum befördert eine Nacht im Motel die Erfahrung des Denkens, auch wenn es dabei auf seine eigene Unbestimmtheit verwiesen wird. Wie Don DeLillo bemerkt, versucht sich das Motel die Welt einzuverleiben, um ihr abstraktes und erschreckendes Wesen offenbar werden zu lassen:

»Er sinniert über die Tendenz, die Motels haben, Dinge nach innen zu kehren. Sie sind eine seltsame Erfindung, kraftvoll abstrakt. Sie wirken wie die Vorstellung *von etwas, noch darauf wartend, ganz in konkreter Form ausgedrückt zu werden. Gibt's da nicht noch mehr, will er fragen. Was steckt hinter alldem? Es muss der Reisende sein, der Autofahrer, der Bewohner selbst, der das essbare Fleisch dieses Konzepts liefert. In-Sich-Gekehrtheit, die sich immer tiefer herunterschraubt. Rationalität, Analyse, Selbsterkenntnis. Er verbringt einen Moment mit der Vorstellung, daß dieses riesige System fast gleicher Zimmer, weltweit, errichtet wurde, damit Menschen einen Ort haben, wo sie regelmäßig* Angst *empfinden können.«*[5]

Die erzwungene und unpersönliche Intimität der vier Motelwände erweist sich letztlich gerade deswegen als die allerabstoßendste, weil sie weder Interiorität noch Anteriorität besitzt. Paradoxerweise ist es der Innenraum, der uns umzingelt, und die Projektion nach außen, die uns tröstet. Das Heil liegt in der Flucht, und jeden Morgen wohnt man von seinem Fenster oder seiner Türschwelle aus der übereilten Abreise der Gäste bei, als wollten sie sich alle ganz schnell retten, diesen ungastlichen Ort für immer verlassen, den sie noch am selben Abend widerwillig aufs Neue betreten werden. Aber eine Weile lang gefallen sie sich in der Überzeugung, das Zimmer habe sie nicht im Griff. Doch die Zelle ist erstickend geworden, und die Stachel des Muschelgehäuses haben sich sozusagen nach innen gewendet, so dass die Gefahr nun in unmittelbarer Nähe lauert, verkrochen unter dem Bett oder versteckt hinter dem Duschvorhang.

Als Ausdruck des modernen Erhabenen, in dem das Unermessliche aus einer extremen Formenarmut erwächst, weckt das Motel unbestreitbar eine gewisse Angst. Und zugegebenermaßen sind die Leere seiner Einrichtung und sein karges Design nicht gerade vertrauenerweckend. Da kann man alle Schränke aufreißen, die Schubladen durchforsten, die hintersten Regalbretter absuchen, die Laken ausschütteln und unterm Bett nachschauen, nichts wird man finden. Nichts zu sehen, nichts zu machen. Der Zeitgeist des Komforts (den wir mit einem Neologismus als *Kommodifizierung* bezeichnen könnten: das Vermögen der modernen Funktionalität, alles um sich herum im Sinne der rationalen Imperative des Warenhandels umzuformen) hat den Raum so gründlich durchgestaltet, dass er nichts zurückließ, was auf eine unbeabsichtigte Anwesenheit schließen ließe. Doch diese Abwesenheit wird durch ihr allzu großes Versprechen rasch zu einem Mangel. Zu ehrlich, um wahr zu sein, erweckt sie beim Gast den Verdacht, dass sich dahinter ein gewisser Wille zur Verstellung verbirgt. Schließlich kann er sich des Gedankens nicht erwehren, dass der Komfort nur darum eine solch entblößte Umgebung zu schaffen vermochte, weil zuvor zahlreiche Unreinheiten zu beseitigen waren. Hinter der spartanischen Einfachheit des Motelzimmers (die jedoch keineswegs dem puritanischen Geist eines Mobiliars entspricht, wie es beispielsweise bei den Shakers anzutreffen ist) verbirgt sich äußerste Barbarei, die sie kontrolliert und zunichtemacht, indem sie sie in ihr Gegenteil verkehrt. Auch neigt der Gast fast von Natur aus zu der Annahme, dass diese Armseligkeit in Wirklichkeit ein weit unklareres und unbestimmteres Elend verdeckt. Sein Bedürfnis nach Geheimnissen lässt ihn an diesen ungläubigen Raum nicht glauben.

Sehr oft richtet sich dieses Gefühl, das irgendetwas Mysteriöses vor sich geht, auf den Spion, der in die Tür eingebaut ist. Dieses diskrete und nützliche Guckloch wird zum einzigen Objekt im Zimmer, das zugleich fasziniert und beunruhigt, kann doch durch diese Öffnung urplötzlich das Unerwartete in den geschlossenen Bereich der üblichen Sicherheit eindringen. Auf den ersten Blick hat der Spion eher die Aufgabe, den Gast zu beruhigen, denn er kann damit gefahrlos herausfinden, wer an seine Tür klopft. Als winzige Durchbohrung nach außen bündelt das *peep-hole* die Blicke und garantiert dem Sehen so die totale Beherrschung der Umgebung. Das durch die Fischaugenlinse ermöglichte Rundumbild, das jeden potenziellen Eindringling daran hindert, sich links oder rechts der Tür zu verstecken, verweist seinerseits auf die abgerundete Totalität der Welt. Und so lässt der Blick durch das Guckloch den Betrachter in dem Glauben, das gesamte Universum zu beherrschen, alles Sichtbare vor Augen und unter Kontrolle zu haben. Weltenschöpferisch macht der Spion jeden zu einem tausendäugigen Argus, der nicht mehr aufhören kann hinauszuspähen, und zwar nicht aus Faszination für das, was er da sieht (die Flure eines Motels sind ganz gewiss das Sinnbild hochgradiger alltäglicher Langeweile), sondern allein um der Möglichkeit unablässigen Schauens willen.

Doch die Perfektion der Bilder verrät schnell ihre Falschheit. Übrigens lässt sich der Voyeur von seiner komfortablen Situation auch gar nicht täuschen, sondern erwartet jederzeit, brutal über seine skopische Pseudo-Macht aufgeklärt zu werden. Die

Unheimlichkeit, die der Boden unseres alltäglichen Lebens ist, insofern sie jederzeit das schützende Netz vertrauter Gewohnheiten und Konventionen durchbrechen kann, um seine instabile und verlogene Natur unmittelbar zu enthüllen, findet hier ihre konkrete Darstellung. Gerade in diesem winzigen Guckloch können jederzeit Überraschung und Schrecken auftauchen. Wir fühlen uns unwiderstehlich von dem Spion angezogen, wir kleben sozusagen an ihm und verbringen ganze Nächte damit, unbeweglich und still auf die geringste Bewegung draußen zu lauern. Nicht dass wir unbedingt meinten, dass das Leben der anderen eigentlich interessanter ist als unser eigenes. Eher liegen wir ewig auf der Lauer, um unsere vollkommene Übereinstimmung mit dem auszukosten, was das moderne Zeitalter wesentlich bestimmt: die Spionage. Darum können wir uns des Gedankens nicht erwehren, dass dieses winzige und vertraute Requisit sinnbildlich für unser aller Leben steht.

BEHELFSUNTERKÜNFTE. Die ersten Motels erinnern in ihrer Bauart noch vage an die Baracken der Pioniere, die im 19. Jahrhundert nach Westen zogen: Landerkunder, Bergleute, Goldschürfer, die ersten Siedler nach dem Homestead Act, mittellose Abenteurer, Gleisbauer und Stacheldrahtverleger, Hobos wie Jack London oder später Nelson Algren – Menschen auf Durchreise, auf geographischer Drift. In Wirklichkeit ist diese Ähnlichkeit nicht rein zufällig. Tatsächlich war die erste Einrichtung, die in der Geschichte die Bezeichnung »Motel« erhielt, das Askins Cottage Camp in Douglas, Arizona, das ursprünglich 1901 für Kupferbergleute errichtet wurde. Es bestand aus neun kleinen Hütten mit je einem Zimmer und einer kleinen Küche für 50 Cents die Nacht. Dieses Camp blieb kein Einzelfall. Die Brücken- und Straßenarbeiter, die Anfang der 1920er Jahre damit beauftragt wurden, die ersten großen Straßen zu bauen, fanden sich jeden Abend in Bungalows zusammen, die nach Fertigstellung der Straße sofort zu Motels recycelt wurden. Es steht zu vermuten, dass die ersten Reisenden ähnlich wie die Pionierfamilien auf ihrem Weg nach Westen fünfzig Jahre vor ihnen Schritt für Schritt oder eher Radumdrehung auf Radumdrehung dem Fortschritt des Straßenbaus folgten und die Orte, die gerade erst von den Arbeitern verlassen wurden, besetzen mussten – die Straßen erstreckten sich vor ihnen wie ein Teppich, der sich erst nach und nach entrollt, wenn man ihn beschreitet.

Wenn man in einem alten Motel wie dem *Par-a-Dice* Motel in Las Vegas haltmacht, fällt einem als Erstes sein zerbrechliches und behelfsmäßiges Aussehen auf, das unmittelbar die Furcht auszudrücken scheint, sich an irgendetwas oder irgendjemanden zu binden. Bis auf das Neonschild, das nur schwach blinkt, wiederholt das Gebäude haargenau die Struktur konfektionierter Baracken, wie sie Baustellen zieren. Diese formale Analogie ist deswegen wichtig, weil sie auf die Bestimmung der Anlage verweist: ein Refugium für Menschen fern ihrer Familien und ihrer Heimat. Als Emblem der chronischen Instabilität eines ganzen Landes stellt das Motel die typische Siedlungsform einer Stadt dar, die sich nicht endgültig im Boden verankern konnte, sondern an nur temporären Unterkünften Gefallen findet. Beinahe scheint es, als sage es dem Abendland, das geographisch gesehen im Wilden Westen sein Ende nimmt, seinen drohenden Niedergang voraus.

Egal wie alt und wie verhältnismäßig stabil sie sind, eignet allen architektonischen Bauten der amerikanischen Stadt dieses prekäre und zufällige Aussehen. Wie Adorno und Horkheimer bei ihrem Aufenthalt in Los Angeles bemerkten, ähneln alle Bungalows, selbst die prunkvollsten der Stadt, »zerbrechlichen Konstruktionen internationaler Jahrmärkte«. Oft aus dem Zufall geboren, wie übrigens auch die Städte, um die herum sie angeordnet sind, könnten sie gut und gern am nächsten Tag verschwinden, ohne dass es ihre Bewohner übermäßig beeindrucken würde. Und auch wenn sie manchmal den Eindruck von Großartigkeit vermitteln, dann weniger um sich der Drohung des plötzlichen Verschwindens zu widersetzen oder dem Zahn der Zeit Einhalt zu bieten, sondern eher aus einer gewissen Lust an der Ironie der Situation.

ARTE POVERA. Als reiner Durchgangsort zwischen zwei Wanderungsbewegungen ans andere Ende des Landes ist das Motel ganz gewiss ein vollkommen reizloser Ort. Es hat nicht nur keine Seele, sondern es fehlt ihm auch an Körper. Trotz seiner scheinbaren Massivität kann es sich doch nicht in die Materialität seiner Substanz zurückziehen: zu *cheap*, zu zerbrechlich, zu vergänglich. Man könnte es für einen noch unfertigen Hangar, ein Gebäude im Bau halten. Auf das Niveau funktioneller Nichtigkeit herabgesetzt, gibt es sich mit wenig zufrieden: ein leicht erinnerlicher Name, Genügsamkeit bei den verwendeten Materialien und Formen, Verzicht auf jeden schmückenden Protz. Es geht um den kurzen Zwischenstopp, nicht um den Besuch. Man gibt sich nicht die Mühe, seinen Aufenthalt wertzuschätzen. Beklommen und erschöpft begibt man sich mechanisch in Richtung des Zimmers, in dem man die meiste Zeit seiner Anwesenheit verbringen wird, und das ist schon viel. In gewisser Weise ist sich der Vorgang des Schlafens selbst genug, und wir bewegen uns an diesem Ort, als schliefen wir schon.

Aus dem Stadtzentrum verbannt, marginalisiert durch seine Lage und verwahrlost durch seine Form, versteckt sich das Motel schamhaft hinter seinen blinkenden Schildern. Seine Architektur, der jedes eigene Gepräge abgeht, gibt selbst jeden utopischen Anspruch auf, das urbane Leben zu verändern. Sie gehorcht allein dem gehetzten und sparsamen Investor. Aus Hast oder Nachlässigkeit nehmen die Bauherren die angrenzenden Gebäude zum Vorbild: Lagerhallen, Abholmärkte, Tankstellen etc. Vom streng rechteckigen Grundriss mit Flachdach und glatten, schmucklosen Wänden bis hin zur Anlage in einem einzigen Block beuten sie alle Aspekte und Möglichkeiten der Lagerhallenarchitektur aus. So erschaffen sie einen leeren, kahlen Container, auf den man eilig einen Namen kritzelt, der die gesamte kommerzielle und symbolische *message* beinhaltet. Eine Seele hat der Kasten nicht, und es gibt keinen Anlass zu der Hoffnung, dass sie dort eines Tages Zuflucht finden könnte, außer in der abgeschmackten und flüchtigen Form des Verstecks. Gerade seine völlige Untauglichkeit verklärt ihn. Das Motel, eine Welt ohne Spuren oder Prägungen, in der alles Vergangene alsbald überholt ist, reinigt sich jeden Morgen selbst von der durchziehenden Menschheit, die es beschmutzen könnte.

Eigentlich bemüht sich allein das Schwimmbad, diesem aufs Notwendigste beschränkten Gebäude eine gewisse Geltung zu verschaffen. In einer urbanen Welt, in der Luxus als Gegenbild echter Befreiung gilt, wird es als mondänes Prunkstück angesehen. Wie echter Türkis, mit dem man ein wertloses Schmuckkästchen veredelt, soll es, so gut es eben geht, eine materielle Unterscheidung einführen, die die ewige Gleichmacherei der Dinge um es herum kontinuierlich einzuebnen sucht. Als Gegenstand der gesammelten Aufmerksamkeit des Personals zieht es die Blicke durch seine zentrale Lage innerhalb der Motelanlage auf sich, so als ob es ganz allein und nur durch seine blauen Reflexe und sein melodiöses Geplätscher das Motel aus seiner allgemeinen Bedeutungslosigkeit herausreißen könnte. Doch es ist nicht mehr als ein Mittel, die Misere abzuschirmen. Ein oder zwei jämmerliche Palmen versuchen noch, den schönen Schein aufrechtzuerhalten, aber zwischen den Plastikliegen und vorschriftsgemäß angebrachten Sicherheitsbojen hält die Aufhebung der Gleichgültigkeit, die über der ganzen Anlage lastet, nicht lange an; in diesem Nichts zum Niedrigpreis verflüchtigt sich nur allzu schnell wieder jedwede Erfahrung.

Mit dem funktionellen Motel reinigt sich die amerikanische Straße von allen Rückständen der Vergangenheit, wäscht sich Geschichte und Kultur von den Händen, um sich einen Ort zu erschaffen, der allein kommerziellen und alltäglichen Zwecken dient; einen Ort, der, abgespült mit der Chlorlauge der Amnesie, eine zeitlose und tautologische Architektur sichtbar werden lässt, die einmal zum Kreuz aller Archäologen der Urbanität werden wird. Hinterlässt die Geschichtlichkeit hier trotz allem ihre mehr oder weniger flüchtigen Spuren, dann allein dank der trotzigen Beharrlichkeit einiger Außenseiter, die es einfach nicht schaffen, sich dem Bild anzupassen, das man sich von ihnen macht.

DIE SEELE AHASVERS. Die architektonische Dürftigkeit des Motels verweist auf die Tatsache, dass der Reisende, der einzige noch verbleibende Wert, nur noch auf sich selbst zählen kann, dass er alles mit sich tragen und in ein oder zwei Koffern seine wichtigsten Habseligkeiten zusammenpacken können muss, die für den Fortgang seines Lebens, so unbedeutend und unkalkulierbar es auch sein mag, notwendig sind. Auf die Straßen geworfen, existiert er von nun an als selbstgenügsamer Mensch, der nur aus eigener Kraft überleben kann. Allein auf seine Fähigkeit zur Anpassung und Veränderung kann er sich verlassen. Nicht nur muss alles leicht und unverzüglich transportbereit sein, sondern angepasst an unbegrenztes Unterwegssein. Aus der Sicht des ewigen Wanderers zählt somit nur das, was er auf unbegrenzte Zeit mit sich tragen kann: ein paar Kleidungsstücke, ein Waschbeutel, ein tragbares Radio, ein oder zwei Bücher etc. Der Rest, also alles Unbewegliche, zählt nicht viel, zumindest wenn es nicht demontierbar ist, da man sich eines Tages ja ohnehin von ihm wird trennen müssen. Wie die Lazzaroni, die unablässig ihren gesamten Besitz mit sich führen, trägt der motorisierte Nomade alles, was ihm gehört, am eigenen Leib. Sein und Haben verschmelzen ihm in Kommen und Gehen. Er ist, was er hat, und hat, was er bei sich trägt.

Schlussendlich muss der Umherirrende ebenso wie die wenigen Gegenstände, die er mit sich führt, zu einem mobilen Element werden, das wenig Platz einnimmt, sozusagen ein menschliches Möbel, mobil und zerbrechlich, transportierbar und flexibel. Ein Mensch, der das Gewicht der Erde, des Besitzes und des Erbes abgeworfen hat, ein Mensch, der nichts aufspart, sondern sich ohne nachzurechnen verausgabt, um nicht seine eigene Existenz horten zu müssen. Allein mit seinem ganz gewöhnlichen Verhalten gibt, wer reist, die Antwort auf die abgedroschene Frage: »Was würden Sie auf eine einsame Insel mitnehmen?«

Würde er sich erlauben, sich in eigenem Namen und öffentlich zu äußern, dann würde er wohl Folgendes sagen: »Etwas Leichtes und Handliches, etwas Drahtloses, das keine Verbindung mit einem Außenposten unterhält, etwas, das ich mühelos immer mit mir tragen kann, womit ich völlig autonom und selbstgenügsam überallhin gehen kann, etwas Tragbares, das man bei Gelegenheit wegwerfen kann, etwas, das in die Jackentasche passte, könnte man es verkleinern, etwas Diskretes, Treues, das die Zeiten überdauert, etwas, das sofort zugänglich und verwendbar ist: meine Seele.«

3.

Wüsten

»Näherte man sich früher einer Kleinstadt, säumten eine Tankstelle und eine Filiale von Dairy Queen die Straße. War es eine viel befahrene Straße oder eine Stadt mit College, gab es vielleicht noch ein oder zwei Motels am Straßenrand. Inzwischen nennt jede Stadt, und sei sie noch so bescheiden, mindestens eine Meile voller Schnellrestaurants, Motels, Discountläden und Einkaufszentren ihr Eigen – jeweils mit einem zehn Meter hohen Neonschild und einem Parkplatz wie bei Shropshire davor. Carbondale schien aus nichts anderem zu bestehen. Kaum hatte ich die Stadt erreicht, drängten sich über eine Länge von zwei Meilen Einkaufszentren und Tankstellen, K-Marts, J. C. Penneys, Hardee's und McDonald's entlang der Straße. Und plötzlich war ich wieder auf dem Land.«

Bill Bryson, Straßen der Erinnerung (Motel Blues)

DECORATED SHED. In *Lernen von Las Vegas*[6] entwirft der amerikanische Architekt Robert Venturi eine neue Vision der kommerziellen Architektur entlang der großen Straßen, zu der das Motel ganz offensichtlich gehört. Als allgemeine und widersprüchliche Form repräsentiert es nach seinen Worten eine persuasive Symbolarchitektur, ein »antiräumliches« Raumkonstrukt, dem mehr an der Wirkung liegt, die es unmittelbar auf den naturgemäß mobilen Betrachter ausübt, als an der Logik der Anlage. Die Form verschwindet nach und nach hinter dem Symbol, dessen hohe visuelle Anziehungskraft einen dazu zwingt, den Kopf zu wenden, als folgte man einem Magneten. Venturi betont, dass die amerikanische Straße nur aufgrund ihrer Ränder Bestand hat. So gesehen lesen sich die riesigen Neonschilder, jene Skulpturen des Straßenrandes, wie Buchstaben eines neuen urbanen Alphabets, das der Autofahrer am Steuer seines Wagens entziffert, ohne sie gleich zu einem Text verbinden zu können, dessen Sinn er verstünde.

Jeder architektonische Stil wird durch den Blick desjenigen bedingt, für den die Bauform eigentlich bestimmt ist. Die Palazzi in Florenz verfügen deswegen über einen unvergleichbaren

Reichtum an Verzierungen, weil sie in den engen Straßen der toskanischen Stadt immer aus einem Abstand von zwei, höchstens fünf Metern gesehen werden. Bauwerke aber, die Einkaufszentren, Motels und Supermärkte beherbergen, sind von der Straße aus gesehen fast nicht als Gebäude zu erkennen. Sie können also gar keine ästhetische Anziehungskraft haben. Das Fehlen jedes stilistischen Bemühens und die formelle Kargheit dieser Gebäude hängt direkt mit der Wahrnehmungsdistanz zusammen, die erforderlich ist, um sie sehen zu können. Besondere Fassadendetails werden sparsam eingesetzt oder ganz weggelassen, weil sie sowieso unsichtbar bleiben, man verwendet nur solche Mittel, die aus größerer Entfernung und auf den ersten Blick wirken. Dieser doppelte Zwang der Entfernung und der Geschwindigkeit, der die Wahrnehmung beschneidet, zieht unweigerlich eine allgemeine Vereinfachung der Formen und eine Armut an Elementen nach sich. Er formt den Raum und zwingt dem Bau ein vereinfachendes Schema auf. Die Glasfassade eines Holiday Inn, die an das Design moderner Bürogebäude erinnert und es gesund und sauber aussehen lässt, zielt einerseits darauf ab, das Gebäude mit der Straße zu verbinden, insofern sich die Straße darin spiegelt. Andererseits aber ist die spürbare Folge dieses Designs der extreme stilistische Purismus der Motelfassade, die sich auf eine einheitliche Oberfläche beschränkt, die den sie umgebenden urbanen Raum reflektiert. Das Motel verschwindet fast in der Spiegelung der Straße, deren Aufmerksamkeit es auf sich zu lenken versucht.

Robert Venturis Grundgedanke besteht folglich in der Behauptung, dass zwischen der Architektur der Straßenränder und der Ästhetik der Beschilderung und der verwendeten Bauschemata perfekte Übereinstimmung besteht. Durch seine Lage direkt an der Straße erweist sich das Gebäude als reines Symbol, als ein Indiz, das auf eine andere Realität verweist, welche bündig in einem Logo oder einer Illustration beschrieben wird, die den Autofahrer leiten soll. Je weiter das Gebäude von der Straße entfernt steht, desto mehr wird seine Architektur zum einfachen Zeichen seines Inhalts. Die wachsende Distanz zwischen Konsument und Produkt ist somit wesentlich dafür, dass sich ein zur Straße hin offener Gemischtwarenladen in einen geschlossenen Hangar verwandeln kann, der den potenziellen Käufer allein durch seinen Namen auf sich aufmerksam macht, welcher in riesigen Lettern auf einem Flachdach prangt, das so platt ist wie der Horizont. Kommerzielle Architektur baut also auf dem Symbolischen und dem Spektakulären auf und nicht auf dem Formalen und Vermittelnden. Da Einkaufszentren und Motels von der Straße aus meist fast nicht zu sehen sind, legt die Kundschaft nur wenig Wert auf ihre architektonische Form. Diese antwortet allein auf die ökonomischen Imperative des Verkaufs und der Lagerung.

Die Attrappe ist keine Kulisse mehr, sondern wird zum ersten Mal ein echtes Bauwerk. Die Gleichsetzung von Symbol und Gebäude, die insbesondere auf die sorgfältige Gestaltung der visuellen Wirkung des Schilds oder der Fassade Wert legt, welche darum häufig monumental und hyper-expressiv erscheinen, kann, laut Venturi, zwei verschiedene Typen von Architektur hervorbringen: auf der einen Seite den »decorated shed« (das Schild ist vom Gebäude abgesetzt oder in die Fassade integriert), auf der anderen das »duck«, bei der das Gebäude selbst zum Zeichen wird (der Name stammt von einem Grillrestaurant in

New Jersey, dem »Long Island Duckling«, das die Form einer riesigen Ente hatte). In beiden Fällen aber untersteht das eigentlich architektonische Element der symbolischen Wirkung der Gebäude. Somit lässt sich behaupten, dass das Motel ein diaphanes Gebäude ist, das zwar nicht seine innere Form, wohl aber die äußerlichen Absichten seines Erbauers und seiner Auftraggeber durchscheinen lässt. Der gebaute Raum ist kein abgegrenztes architektonisches Element mehr, von dem vorausgesetzt wird, dass es seine eigenen Grenzen durch eine Strukturierung markiert, die mit Fülle und Leere spielt, sondern wird selbst zu der Verräumlichung des Abstands zwischen dem Gebäude und seinem Besucher. Alles am Motel ist somit zur Straße hin ausgerichtet und wird zu einer schillernden Attraktion, die den Autofahrer anlockt, weshalb der Teil, der vom Auto aus nicht wahrnehmbar ist, »stillos« und von nur geringem visuellen Interesse ist. Ist das Symbol, das das Gebäude anzeigt, über die Leitplanken und die auf dem Parkplatz abgestellten Autos hinweg nicht von der Straße aus sichtbar, löst sich das Schild vom Gebäude und wird am Rand der Fahrbahn postiert wie ein Volksredner vor den motorisierten Massen. Allein diese eine architektonische Regel bestimmt den Bau der Motels: ein hell leuchtendes Schild, das auf zweihundert Meter hin sichtbar ist, und ein trister Schuppen, in den die Gäste eingepfercht werden. In ihrem Reisetagebuch *Amerika. Tag und Nacht* hat Simone de Beauvoir diesen Kontrast beschrieben:

»Es wird dunkel und nichts unterbricht die Monotonie der wilden Straße. Endlich sieht man die Lichter der ersten motels. Motels, courts, lodges, *meilenlang hintereinander. Diese künstlichen Dörfer sind außerordentlich verschieden, die einen zeigen mexi-*

kanischen Stil, die anderen erinnern an Iglus, wieder andere an englische Landhäuser. Mit ihren Neonlichtern, ihrem Rasen und ihren Blumenbeeten ist man versucht, an Lunaparks oder dancings *im Freien zu denken, und man ist enttäuscht, wenn man weiß, dass nur Zimmer und Betten dort sind.«*[7]

Die Diskrepanz zwischen dem architektonischen Zeichen und der inneren Form des Gebäudes, auf das es trügerisch verweist, charakterisiert das Motel mehr als alles andere. Und so schillernd und verlockend es von der Straße aus auch wirken mag, das Gebäude selbst bleibt doch enttäuschend.

Bedeutsam ist auch die wesentliche Beziehung, die Venturi zwischen der persuasiven Schilder-Architektur, die für nordamerikanische Städte kennzeichnend ist, und der Einöde herstellt, die sie meist umgibt. Die flachen, graubraunen Gebäude sind der Wüste angeglichen, bemerkt er. Der Bau riesiger Parkplätze ist allein in der »Trostlosigkeit« des unbebauten Raums möglich, in dem keine bereits existierenden formalen Archetypen respektiert werden müssen. Schilder sind ein umso stärkerer Blickfang, je deutlicher sie sich vor einem uniformen Raum, einem beinahe unberührten und monotonen visuellen Feld abheben. Auch hier hat die ursprüngliche Leere Amerikas die Entstehung einer auf unmittelbare Wirkung bedachten Zivilisation ermöglicht, die keine Geschichte oder Vergangenheit besaß, doch sämtliche Kompensationsmöglichkeiten des Raums auszunutzen wusste. All das stützt Venturis Behauptung, dass »die Wüstenstadt eine starke Kommunikation entlang der Straße darstellt.«

»Es braucht diese bewundernswerten Wüsten, die die Weltstädte sind,
damit die Erfahrung des Alltags uns nach und nach erreichen kann.
Der Alltag ist nicht in der wohligen Wärme unserer Behausungen, er ist weder in den Büros
noch in den Kirchen und ebenso wenig in den Bibliotheken oder Museen.
Er ist – wenn er denn überhaupt irgendwo ist – in der Straße.«

Maurice Blanchot, Das unendliche Gespräch

AMERICA DESERTA. Als Produkt der urbanen Erschließung von Gewerbegebieten und endlosen Wohnvororten konnte das Motel nur in einem Raum entstehen, der selbst ein Raum ohne Orientierungspunkte ist: die unermessliche amerikanische Wüste. Jean Baudrillard hat in *Amerika* ganz klar gezeigt, dass das Wesen der amerikanischen Kultur zu einem großen Teil in ihrer anhaltenden Faszination für die Wüste besteht. Eine zugleich mineralische und pflanzliche, raue und unwirtliche, aber auch kulturelle und moralische, urbane und unzivilisierte Wüste. Vom Werbeplakat bis hin zu ehrgeizigen Raumfahrtprogrammen lässt sich alles auf jenen *Tatbestand der Wüste* zurückführen, in dem scheinbar alles jederzeit wie das Zeichen seiner eigenen Auslöschung plötzlich verschwinden oder wieder auftauchen kann: als Fata Morgana. Zwischen Stadt und Wüste, zwischen Siedlung und Ödnis, die beide notwendig unendlich und identisch, spektral und abstrakt sind und in einer Mischzone der Unbestimmtheit ineinander übergehen, dringt der motorisierte Wanderer in einen Raum ein, der weder Landschaft noch Namen kennt. Monade und Nomade zugleich, kreuz und quer durch die Stadt fahrend, ohne sich erinnern zu können, was er eigentlich sucht oder verloren hat, stellt er lediglich den Niedergang ringsum fest.

Diesem Wesen in permanenter Bewegung und ohne Hoffnung, von der Stelle zu kommen, erscheint alles in Ruinen, noch ehe es erbaut worden ist.

Grenzen- und richtungslos wird die Wüste für den Reisenden zum Labyrinth, das mehr Gefahren birgt als jede Konstruktion des Dädalus. Hier führt kein Ariadnefaden mehr hinaus. Weder Aus- noch Eingang, sondern allgegenwärtiger Orientierungsverlust und erzwungene Einschließung in die Leere. Die Mystiker haben das bestens verstanden: Da ihr jede lokale Unterscheidung abgeht, verweist die Wüste nur noch auf ein verlorenes Individuum, also auf den einzigen Referenzpunkt im Mangel, der, weil er nicht mehr weiß, wie er sich im Raum verhalten soll, dem Leben entsagt, darauf verzichtet, den Raum zu gestalten, und sich ganz der Zeit *sub specie aeternitatis* verschreibt. Wer die Wüste durchquert, begegnet überall einer Gleichförmigkeit der Orte, die er darum kaum wahrnimmt und was ihn in dem Verdacht bestärkt, eigentlich gar nicht voranzukommen, sondern immer nur im Kreis zu fahren.

Wollte man aus reiner Freude an Definitionen versuchen, mit wenigen Worten die topographischen Züge zusammenzufassen, die für die Wüste charakteristisch sind, ließen sich zwei Grundelemente herausarbeiten: das Fehlen räumlicher Abschließung und die Abwesenheit von Straßen, die eine Richtung weisen würden, oder von Bauwerken, die von Menschenhand errichtet die Umgebung unterscheidbar machten. Der Reisende ist hier zugleich in Unermesslichkeit und Unbestimmtheit verloren. Er weiß weder, wohin, noch worauf er zugehen soll, weil alles identisch und darum ununterscheidbar ist. Die Situation der Vorstadt findet hier ein manifestes Gegenstück. Egal welche architektonischen

Eigenheiten es aufweist, das Motel hat doch immer dieses fade Aussehen, das Ausdruck seiner Monotonie ist. Empfindet man nicht ein ganz ähnliches Gefühl, wenn man aus einem der gigantischen Supermärkte tritt und sich ganz plötzlich der desorientierenden Grenzenlosigkeit eines leeren Parkplatzes gegenübersieht? Sicherlich zeichnen sich in der mineralischen Wüste zumindest für denjenigen, der sie zu lesen weiß, bestimmte topographische Elemente ab, auch ist die Sonne ein unvergleichlicher natürlicher Kompass. Dem gegenüber verfügt die urbane Wüste, da sie sich bis weit in die grenzenlosen Vororte hinein erstreckt, über keinerlei natürliche Richtungsanzeigen oder stabile Orientierungspunkte. Im Gegensatz zur mineralischen Wüste nichtet sie jede Bewegung. Das Fremdheitsgefühl, das sie hervorruft, hat keinerlei exotische Note. Wo die unbegrenzte Weite der Wüste einen Vorgeschmack auf Abenteuer und Entdeckung gibt, treibt einen die amerikanische *Suburbia* zur Verzweiflung.

Normalerweise haben die Gebäude im Stadtzentrum eine richtungsweisende Funktion, welche die Blickrichtung der Augen lenkt. In den suburbanen Zonen aber stehen sie zu weit auseinander, sind zu flach und zu fade, um auch nur den geringsten Hinweis darauf liefern zu können, wie man zu seinem Auto oder seiner Verabredung finden kann. Die Stadtperipherien erscheinen folglich wie ein ausgedehnter Raum ohne Richtung oder räumliche Tiefe, denn wie soll man da, wo sich alles auf einer einzigen Ebene erstreckt wie eine fortlaufende, graubraune Wand, Höhe von Länge unterscheiden können? Darum hat es eine gewisse Logik, dass in den urbanen Wüsten, zu denen unsere Städte an ihren Rändern werden, ein ganzes Arsenal an Signalen aus dem Boden schießt wie Unkraut, riesige Hinweisschilder,

Fahrbahnmarkierungen, Richtungsanzeigen, Pfeile und Stoppschilder, Buchstaben und Zahlen, die das beständige Gefühl der Desorientierung abschwächen sollen. Sicherlich findet sich darin zurecht, wer daran gewöhnt ist. Mit der Zeit hat sich der Ortskundige seine eigenen Routen schaffen und sich in dieser *Urbanen Welt der Ortlosigkeit* gewohnte Wege bahnen können. Aber kaum muss er seine gewohnten Pfade einmal ändern, droht auch er sich hoffnungslos zu verirren.

Ohne darin mehr zu sehen als einen einfachen Zufall, kann man doch darüber staunen, wie sehr die rudimentäre Architektur des Motels der nicht weniger großen formalen Kargheit der Wüsten entspricht. Es handelt sich hier sicherlich um eine implizite Übereinstimmung, aber man hat den Eindruck, dass sich die Wüste letztlich im Gebäude spiegelt und ihm tagtäglich ihre *entvölkernde* Kraft einflößt. Denn eigentlich definiert sich die Wüste nicht darüber, was man in ihr entdecken kann, sondern vielmehr über das, was man nicht in ihr findet: Menschen, Gebäude, Denkmäler. Im Herzen der mimetischen Beziehung zwischen Wüste und Motel zeigt sich eine Differenz, die aus einer physischen Disproportion resultiert: dem unmittelbaren Übergang von einem unendlichen Horizont hin zu einem 16 m^2 großen Zimmer.

Aus der Erfahrung dieses Übergangs von der unendlichen Ausdehnung hin zur totalen Schließung kann man eine allgemeine Regel ableiten, um die verschiedenen psychischen und affektiven Formen des urbanen Lebens zu verstehen: die Abfolge abrupter Gegensätze. In seinem urbanen Alltag sieht sich der Städter ständig dazu gezwungen, von einem bestimmten Typ der Erfahrung zu einem absolut konträren überzugehen: von der geschlossenen Welt des Automobils, die er als Alleinherrscher regiert, hin zu dem Gedränge in der Menge, die ihn auf dem Bürgersteig anrempelt, von seiner fast absoluten Unsichtbarkeit hinter den Scheiben seines Fahrzeugs hin zu der gewaltsamen Erfahrung, sich im öffentlichen Raum allen Blicken ausgesetzt zu sehen, von Zurückhaltung hin zu Provokation. Alle Elemente des Alltags, die das Leben in den Vorstädten auszeichnen, weisen genau besehen diese dichotomische Eigenschaft auf: Unbeweglichkeit der vor Computer- oder Fernsehbildschirmen sitzenden Körper und frenetische Geschäftigkeit derselben Körper auf Inlineskatern, in Fitnesscentern, beim Shopping; ein überspannter Sicherheitsanspruch in Hinblick auf Ernährung, medizinische Versorgung, wirtschaftliche Verhältnisse, Güter und Personen und der Wille, sich durch riskante Verhaltensweisen selbst in Gefahr zu bringen; Gleichgültigkeit gegenüber den anderen im Autopanzer und das übersteigerte Bedürfnis nach permanenter Geselligkeit.

In der binären Stadt verkehren zwei Welten miteinander, ohne sich zu sehen, und jeder muss ständig völlig übergangslos von der einen in die andere *springen*. Daraus folgt, dass jeder Städter die soziale Realität als unregelmäßig und abgehackt erlebt. Die totale Diskontinuität suburbaner Erfahrung spiegelt sich in den Verhaltensweisen wider. Für gewöhnlich beweist jeder motorisierte Nomade eine extreme Unterwerfung unter seine Umgebung (von Kindesbeinen an hat er ihre Verhaltens- und Sprachvorschriften verinnerlicht). Doch kann diese Passivität, mit der er sich die meiste Zeit treiben lässt, von plötzlichen Anwandlungen fiebriger Aktivität durchbrochen werden. Da diese Aktivität nun aber völlig unnuanciert ist, kann sie sich nur noch in radikalen

Reaktionen manifestieren. Wie schon Georg Simmel in seinem Aufsatz »Die Großstädte und das Geistesleben« dargelegt hat, geht das städtische Tier ohne irgendeine Abstufung von Unterwerfung zu Aggression, von Anästhesie zu Hyperästhesie über. Auf eine intensive Stimulation reagieren seine Nerven mit einer extremen Schwankung zwischen Hypersensibilität und Desensibilisierung. Die Außenreize schärfen seine Sensibilität und erwecken permanente Neugierde; doch durch ihr ununterbrochenes und exzessives Einströmen rufen sie zugleich auch einen Verteidigungsmechanismus bei ihm hervor, der ganz allgemein zu einer reservierten Haltung führt. Obwohl grundsätzlich folgsam und gleichgültig, erregt er sich plötzlich ganz grundlos, wird sogar gewalttätig, nur um dann ebenso plötzlich und auf völlig irrationale Weise in totale Apathie zu verfallen. Er sieht sich dem ausgeliefert, was wir eine radikale Alternative nennen.

Bereits zu Beginn des 19. Jahrhunderts hatte Alexis de Tocqueville auf seiner Reise mit Gustave de Beaumont an die Grenzen der Neuen Welt, also bis zum heutigen Staat Michigan, diese übergangslose Koexistenz von Zivilisation und Wildnis ganz klar beobachtet. In *Fünfzehn Tage in der Wildnis* (1831) vermerkt er:

> *»Wer sich in den Vereinigten Staaten etwas umgesehen hat, wird in diesem Gemälde ein frappierendes Emblem der amerikanischen Gesellschaft finden. Alles ist zusammenhanglos, unvorhergesehen. Die höchste Zivilisation und die sich selbst überlassene Natur sind überall gegenwärtig und stehen sich gewissermaßen Aug in Auge gegenüber.«*

Dieser Zusammenstoß von Kultur und Wildnis zeigt sich ihm zufolge vor allem in den Städten:

»[…] daher die seltsamsten Kontraste. Man wechselt übergangslos von einer Wildnis in die Straße einer Stadt, von den wildesten Szenen zu den heitersten Bildern des zivilisierten Lebens.«

Heutzutage entspricht die Wildnis nicht mehr der Natur, die der Stadt gegenübersteht, sondern vielmehr ist die Wildnis der Stadt inhärent. Es ist also nicht erstaunlich, dass die Bewohner amerikanischer Städte mit einem plötzlichen Wechsel in ihren Verhaltensweisen reagieren. Sie gehorchen damit nur dem allgemeinen Gesetz des ungehemmten Kontrasts, das die binäre Stadt vollkommen beherrscht und dazu führt, dass die Vervielfachung von Begegnungen und Kontakten letztlich nur eine versteckte Reaktion auf ihren gleichgültigen Raum ist. Unter seiner Herrschaft werden Menschen zu einzelnen Körnchen Sprengstoff: Voneinander isoliert sind sie vollkommen wehrlos und manipulierbar; versammelt man sie aber in einem abgegrenzten Raum, fusionieren und explodieren sie.

Man kann daran zweifeln, ob es angesichts des aktuellen Zustands des Zerfalls des öffentlichen Raums in ethnische und sozio-professionelle Ghettos noch möglich sein kann, diese Apathie und Gewalt in etwas anderes umzuwandeln als es ist, nämlich eine einfache Reaktion auf die urbane Umgebung. So stellt sich die Frage, ob nicht letztlich die Apathie der einen in die Gewalt der anderen umschlägt und umgekehrt. Auf die Überflutung mit Waren und Werbung reagiert die große Masse gewöhnlich mit mehr oder weniger amorpher Folgsamkeit; um der Aggression der Armen und Elenden auszuweichen, schaut die aufgeklärte Gesellschaft im Allgemeinen lieber woanders hin. Dabei kann man durchaus über den enormen Aufwand sozialer und politischer Mittel beunruhigt sein, der dafür eingesetzt wird, diese beiden Pole der Gesellschaft zu neutralisieren, ohne dabei ihrer absurden Logik Einhalt zu bieten.

Ein Gemälde von John Register zeigt eine weiße Frau, die sich am Rand ihres Swimmingpools sonnt. Neben ihr steht ihr Mann und raucht ruhig eine Zigarette, eine Hand in der Tasche, sein Blick verloren in die Ferne schweifend. In ihrem Rücken, also so, dass sie es von ihrer Position aus nicht sehen können, ist hinter einem perfekt quadratischen Rasenstück ihr symmetrisches, makelloses High-Tech-Haus zu sehen. Das Inbild eintönigen Glücks. Allerdings verrät der rotglühende Himmel über dem Dach der Villa die diffuse, doch darum nicht weniger reale Gegenwart von Flammen, die in der Ferne lodern. Der Titel des Bildes lautet *Die Unruhen von Los Angeles (L.A. Riots)* und stammt von 1993.

EASY ON, EASY OFF. Bequeme Ankunft, bequeme Abreise. Es ist das Schild, das dem Ort eine subjektive Färbung verleiht. Fast alles am Motel, von seinem Metallgerippe über seine Kundschaft bis hin zur Topographie der ganzen Anlage, ist Ausdruck prekärer Situationen, der Unbeständigkeit menschlicher Gefühle. Indem es sich von jeder Beziehung zu Raum und Zeit, Welt und Geschichte lossagt, hat das Motel die traditionelle Vorstellung von Architektur ebenso wie den menschlichen Willen zum beständigen Überdauern verabschiedet. Folglich unterscheidet es sich gerade durch das Fehlen wesentlicher Beziehungen zu seiner Umgebung von allen anderen Unterbringungsformen. Wie bestellt und nicht abgeholt erscheint es im urbanen Raum, ohne ihn zu kennen. Das Motel ist der exemplarische Fall für das Auseinandertreten von Bau und Gebäude. Es befindet sich nicht mehr in erhöhter Lage, sondern wird einfach auf ein Stück Land gestellt, mit dem es allein durch seinen Standort eine reale Beziehung unterhält. Im Übrigen hätte es auch jeder andere Ort genauso gut getan.

Das Gebiet des Motels ist also vage, unbestimmt. Nicht dass der Platz, auf dem es gebaut wurde, selbst ein Chaos, ein städtisches Tohuwabohu wäre. Seine *Vagheit* hängt vielmehr mit der Unmöglichkeit zusammen, seine Form mit etwas Vertrautem in Verbindung zu bringen, mit seiner totalen Entkopplung von jeder äußeren Bestimmung. *Vage* bedeutet hier, dass die Einrichtung ihrem Ort nicht angepasst ist. Sicherlich bietet das Motel im Unterschied zu einem vagen Terrain, einem offenkundig unbestimmten und disparaten Raum, in dem heterogene Elemente nebeneinander bestehen, eine gewisse Struktur, jedoch kann seine architektonische Form nicht durch sich heraus den Raum, den sie ausfüllt, abgrenzen oder markieren. Was einem an einem Motel auf den ersten Blick auffällt, ist die stilistische und dekorative Gleichgültigkeit, die es seinem Milieu gegenüber zur Schau stellt. Es wirkt wie völlig aus dem Zusammenhang gerissen. Seine Unbestimmtheit rührt mehr vom Fehlen einer wirklichen Affinität zwischen dem Gebäude und seinem Standort her als vom gleichzeitigen Nebeneinander vollkommen verschiedenartiger Dinge auf ein und demselben Gebiet. Vielleicht macht sie das nur noch skandalöser. Entsteht die *Vagheit* der Randzonen einer

Stadt aus einem gewissen Mangel an Interesse, einer zeitweiligen Verwahrlosung oder der Übergangszeit zwischen zwei Bauphasen, so ist die Vagheit des Motels ganz und gar *vorsätzlich*. Alles in allem hat das Motel also mit seiner Umgebung außer seiner Kargheit nichts gemein, es ist auch nicht insgeheim in irgendeiner architektonischen Tradition verwurzelt, die es vertuschen würde.

Dieses Prinzip der Deterritorialisierung gilt auch für alle anderen Bauformen, die für gewöhnlich die Straßen säumen. Mit dem Aufkommen der Diners, Drive-ins, Tankstellen und Einkaufszentren vollendet sich wohl erstmalig eine Periode in der Geschichte des menschlichen Bauwesens, die sich über jede Logik der Raumnahme hinwegsetzt. Das Gebäude rebelliert so vollständig gegen die Geographie, dass es in seiner Loslösung buchstäblich wie ein atopischer Ort erscheint. Ausschlaggebend für die Standortwahl der provisorischen und stümperhaften Bauten entlang der großen Straßen ist nicht mehr der architektonische, sondern allein der kommerzielle Aspekt. Die Logik des Standortes weicht einer reinen Gewinnlogik: Platz, Zeit, Geld. Die Architektur, die ihrem Wesen nach historisch und geographisch gebunden ist, ist nun nicht länger eine Funktion des Wohnraums. Vollkommen aus dem Kontext gerissen äußert sie keinerlei Kohäsionsabsicht mit ihrem unmittelbaren Horizont. Hieraus folgt, dass die architektonische Wahrheit der Straßenrandbauten restlos in ihrer *splendid isolation* gegenüber der sie umgebenden Welt aufgeht.

Eigentlich sind Motels immer gleich, ob sie nun in Arizona oder in Connecticut stehen. Alles entscheidet sich hier dadurch, wie sich ein Motel durch seine Lage resolut von jedem

Referenzkontext abgrenzt. Es ist weder spezifisch noch singulär und besteht losgelöst von jeder Beziehung zu seiner unmittelbaren Umgebung. Keinerlei *principium individuationis* leitet seine Errichtung oder Anlage. In Anbetracht der Tatsache, dass die äußeren Bedingungen seines Standorts nicht in den Aufbau seines Seins Eingang finden, kann man seine Existenz ebenso wenig auf eine raumzeitliche Individuation zurückführen wie auf eine intrinsische Individuation, die sich über die Form oder ein Unterscheidungsmerkmal vollzöge. *Salva veritate* ist jedes Motel durch ein anderes ersetzbar. Durch seine Gleichgültigkeit gegenüber jeder klar umrissenen Eigenschaft und jeder tieferen Zugehörigkeit zu einem Ort ist es schon fast ein Außerirdischer, zumindest was sein Verhältnis zu dem Raum angeht, den es zwar nicht bewohnt, aber den es aufsucht, ja heimsucht.

4.

Schilder

»Dennoch zögerte sie einen Augenblick, als das nächste Motel vor ihren Blicken auftauchte. Aus bemaltem Blech ragte eine dreißig Fuß hohe Nymphe in die Luft; in der Hand hielt sie eine weiße Blüte, in Neonschrift, die trotz der Sonne an war, stand da ›Echo Courts‹.«

Thomas Pynchon, Die Versteigerung von No. 49

»Versprengte Kameraleute der TV-Teams schossen noch ein paar Schlusseinstellungen von der ›Cucumber Lounge‹ und ihrer berühmten, rotierenden Leucht-reklame, die der zuvorkommende Ralph jun. heute früher eingeschaltet hatte:
eine riesige grüne Neongurke mit blinkenden Warzen, die in einem Winkel aufgerichtet waren, der bis auf ein oder zwei Grad ans Vulgäre reichte.«

Thomas Pynchon, Vineland

Blue Lagoon, Chuckwagon, Desert Inn, Lucky Star, Saguaro, El Rey, Belvedere, Sky Harbor, Earthquake – Namen in bunten Leuchtbuchstaben sprühen Funken im Schwarz der Nacht. Ein riesiger Kaktus ragt über der Fahrbahn auf, eine Pferdekutsche verschwindet in der Dämmerung, hinterdrein ein Indianer mit stechendem Blick; ein Feuervogel spannt seine schillernden Flügel. Namen und Gestalten verzieren die Neonschilder der Motels, die entlang der Bundesstraßen den vorbeifliegenden Karneval der Stadt bilden.

Die formale Vereisung des Motels lässt ein Element unberührt: das Neonschild. Mit ihm hält die innerhalb des Gebäudes so verpönte Dekorationswut wieder Einzug. Fast scheint es, als ob sich die Überfülle an Sinn, die im Gebäude zumeist aus Gründen kurzfristiger Rentabilität unterdrückt wird, auf tröstliche Weise im Leuchtschild des Motels verdichtet. Als nur fassadenhafte Schönheit verschafft das Neonschild dem Kunden, der sich gleich in sein schmuckloses, völlig uninteressantes Zimmer einsperren wird, im Voraus eine symbolische Belohnung. Mit seinen grellen Ikonen und flackernden Bildern in Technicolor bringt es den billigen Kitzel des Abenteuers in etwas ein, was sich letztendlich als fade und kalt herausstellt. Wie eine Wüstenblume erblüht es in unwahrscheinlichen Formen und Farben im Kontrast zu seiner eintönigen Umgebung. Vereinzelt lässt das Betonmeer Inseln visuellen Überflusses sprießen. Was im Gebäude selbst verdrängt wird, erfüllt sich stattdessen im Bildnis.

Um die Aufmerksamkeit der Asphaltsüchtigen auf sich zu lenken, ohne sie vor den Kopf zu stoßen oder gar abzuschrecken (die Kunst der Reklame vollführt hier eine echte Gratwanderung), macht sich das Schild häufig vom Gebäude los, um sich der Straße anzunähern und seine bunten Buchstaben und neonfarbenen Arabesken auf den Asphalt zu malen wie auf ein weißes Blatt Papier. Die Individuation des Schilds ist immer doppelt. Sie hängt zugleich von der Wahl des Namens und dem elektrischen Design ab. Das Schild muss ein Blickfang sein, ja hypnotisch wirken, auch auf die Gefahr hin, bei den Autofahrern eine vorübergehende Störung auszulösen; es muss sie der Geradlinigkeit der Straße entreißen können, sie zum Abbiegen auf den Seitenstreifen veranlassen und ihr Interesse umleiten. Manchmal verstärkt ein gigantischer, auf das Motel gerichteter Pfeil diesen visuellen Befehl, als wolle er in harscher, doch darum nicht weniger überzeugender Sprache bekräftigen: »Hier musst du anhalten«. Als Antwort auf die fast totale Desorientierung in den Peripheriezonen der Stadt wirkt er wie ein beschützender Vektor, der dem Autofahrer den Kopf wieder zurechtrückt und ihm klare Gerichtetheit suggeriert. Als Leuchtzeichen in feindlicher Nacht hilft das Schild dem übermüdeten Reisenden, sich an vertraute ikonische Typen zu klammern, an schematische Sätze, die leicht und schnell wiedererkennbar sind. Man darf bezweifeln, dass irgendein anderes städtisches Milieu als die großen amerikanischen Hauptschlagadern diese Straßenfresken hätte hervorbringen können. Wahrscheinlicher ist, dass sie allein hier entstehen konnten.

Die Größe und strahlende Helligkeit des Motelschildes ergibt sich aus der immensen Weite des unbestimmten Raums um das Motel. Es soll, ja muss als Fixpunkt für den Blick des Fahrers aus großer Entfernung dienen können (aus zweihundert bis dreihundert Metern bei einer Geschwindigkeit von 50 km/h). Und: anders als die Cafés, Tankstellen und Einkaufszentren, die ebenfalls die Straßen säumen, können Motels nicht auf die lokale Klientel vertrauen, um ihr Geschäft am Laufen zu halten. Es sind vor allem Geschäftsreisende und Touristen, die sie ernähren, Kunden auf der Durchreise, die im Schnitt nicht länger als ein oder zwei Nächte bleiben. In diesem sehr viel mehr von Konkurrenz bestimmten und absolut aleatorischen Universum muss ein Motel leicht auszumachen und attraktiv sein. Amerikanische Cafés sind beispielsweise nur selten von der Straße aus zu sehen. Gerade mal ein Name oder ein Schild signalisieren sie dem Besucher. Die Stammkunden finden ja sowieso immer ihren Weg zurück. Nur dem Fremden bietet die Stadt keine gewohnte Topographie.

Macht man sich nun an die Aufgabe, das Schild in seine Grundelemente auseinanderzunehmen, so erhält man als Resultat eine relativ einfache Einteilung: das Thema (das ikonographische Element), der Name, der Pfeil als visuelle Deixis und die Informationen, die den gebotenen Komfort, Ausstattung und Verfügbarkeit betreffen. Diese vier Grundelemente sind nicht immer voneinander getrennt, sondern können in einer Art »3 in 1«-Effekt, der ein analoges Ikon, einen Titel und Informationssignale miteinander kombiniert, zu einem einzigen Bild verschmelzen. Tatsächlich konzentriert das Logo alle diese Angaben in einem totalen Ereignis, das sich jeder Analyse widersetzt. Der Name ist vom ikonischen Thema nicht zu trennen. Er bildet mit ihm eine unverbrüchliche Einheit. Darum ist die Logik, die im Logo am Werk ist, sozusagen sein *logos*, nicht nur eine Logik der Vereinfachung, sondern auch der Integration aller signifikanten Parameter, so dass der Betrachter das Schild mit einem Blick als eine nicht zerlegbare Totalität aufnimmt. Erst im Nachhinein, wenn er schon am Straßenrand angehalten hat, werden ihm die einzeln zu erfassenden Informationen bewusst: Klimaanlage, Fernsehen, Schwimmbad etc.

Als einziges signifikantes Emblem des Motels eröffnet die Neonröhre die Möglichkeit einer Geschichte, die Ahnung einer Erzählung. Über den Namenszug oder dessen elektrographische Form verweist sie auf ein Ereignis aus der lokalen Geschichte, auf ein mehr oder weniger wichtiges Element der natürlichen oder zivilisierten Umgebung. Motelbetreiber wählen in der Regel Bilder, die leicht von jedermann erkannt werden können und die zwar nicht besonders komplex sind, dafür aber einen hohen Symbolwert besitzen. Die Motive der Reklameleuchten stammen also meistens aus der Volks- oder Massenkultur. Im Unterschied zu Hotels, die sich auf einen bestimmten Ort, ein Ereignis oder eine Persönlichkeit (ihren ersten Besitzer zum Beispiel) beziehen, stehen den Motels nur die oberflächlichen Quellen der Gegenwart zur Verfügung. Auch schöpfen sie sehr viel freier aus lokalen Legenden (was vor allem für den Westen gilt) und Volksmythen, bedienen sich aber auch sonst bei allem, was in weniger als zwei Sekunden irgendeine Assoziation in einem völlig erschöpften Autofahrer hervorrufen kann: an Schundromanen, Hollywoodproduktionen, Comics.[8] Gerade diese Splitter der Kulturindustrie bilden das imaginäre Universum der Straßenränder.

Seiner elementaren Symbolkraft zum Trotz ist das Leuchtschild alles, nur nicht allegorisch. Man täuscht sich in der Annahme, es ginge ihm darum, Analogien zwischen dem Standort und seiner Umgebung zu entwickeln (die Verbindung zwischen dem Motelschild und der Stadt, in der es sich befindet, ist nur sehr lose). Es ist eine nur vage, fast beiläufige Referenz, die nur selten Anlass zu einer Erklärung oder Deutung gibt (so sind die meisten Motelbesitzer nicht in der Lage, einem die Gründe zu nennen, die zu der Namenswahl für ihre Einrichtung geführt haben). Auch ist die Grundeinstellung des Motels dem Figuralen insgesamt fremd. In seiner architektonischen und semiotischen Selbstbezüglichkeit wäre es weit mehr *tautegorisch*: der unumwundene Ausdruck eines transparenten Sinns, ohne versteckten Hintersinn.

Im Unterschied zur literarischen Hermeneutik versucht die niedere Exegese des alltäglichen Menschen also nicht, den Sinn gewöhnlicher Ereignisse und Zeichen zu entziffern, denn normalerweise stellt dieser vertraute Sinn für ihn kein Problem dar: Er ist im Allgemeinen als eine einfache und unmittelbar dekodierbare Information zugänglich. Das Motelschild darf von keinerlei Ambivalenz gestört werden. Keinerlei Sinnschwankung, kein semantisches Zögern ist erlaubt. Wäre dies der Fall, verlöre es sofort seinen Status als Bestandteil der urbanen Umgebung, um entweder zu einem Industrieunfall oder einem authentischen Werk zu werden, mit einer Bedeutung, die seine Intention transzendiert und einen Raum widerstreitender Möglichkeiten eröffnet. Aber das ist im Allgemeinen nicht der Fall. Auf der Straße oder im Auto läuft man die Zeichen nicht wie auf einer Buchseite ab, man entziffert sie lediglich und handelt entsprechend. Die in Leuchtbuchstaben gelieferten Informationen sind also relativ klar und präzise, so dass sich jedermann entsprechend verhalten kann. In Anbetracht der Bedeutungsarmut, die sie zu berücksichtigen hat, kennt die Hermeneutik des städtischen Alltagslebens keinen echten Interpretationskonflikt. Normalerweise beschränkt sie sich darauf, die diversen kommerziellen Absichten so aufzuzeichnen, wie sie sich in Plakaten, Schildern und Anzeigetafeln niederschlagen.

Dennoch kann ein Zeichen durch seine Kodierung opak werden. Zwar ist das Schild für den Autofahrer nur ein *Signal*, auf das er reagiert, doch kann es durch eine Umwandlung des Blicks zu einem echten *Zeichen* nicht nur für die zu übermittelnde Information werden, sondern auch für das intellektuelle und ökonomische System, welches es hervorgebracht hat. Was bislang auf der Ebene der gewöhnlichen Lektüre lediglich ein *Symbol am Nullpunkt* (ein Indikator) war, wird so auf der Ebene einer phänomenologischen Lektüre zu einer echten *Hieroglyphe*. Hier muss die einfache Entschlüsselung, die uns bisher vertraut war, der Entzifferung impliziter Motivationen weichen, die in ihrer Allgemeinheit die eigentliche urbane Umgebung bilden und Mauern und Gehsteige der Stadt zu einem Text machen, den es zu entziffern gilt. Dem Alltagsleben ist es eigen, das hinter einem Zeichen zu verstecken, was eigentlich Sinn ist. Alles hat den Anschein von Evidenz, welcher jedoch, unter der Lupe betrachtet, zerfällt und seine praktische Klarheit verliert. Als animierte

Wappen fordern die Schilder so eine lokale Identität ein, welche das allgemeine, souveräne System in strikter Abhängigkeit hält. Denn seinen architektonischen Bemühungen um visuelle Differenzierung zum Trotz zielt die kommerzielle Heraldik der Straßenränder nicht darauf ab, die Macht irgendeines Vasallen zu stärken, sondern akzeptiert ihre Unterordnung unter einen einzigen Herrn.

Wenn uns also das Neonschild als *Signal* Informationen übermitteln kann, die man ganz automatisch verarbeitet, indem man sie augenblicklich in angemessene Verhaltensweisen umsetzt, blinkt und funkelt es als *Zeichen* und sendet *species intentionales* durch den Raum, die sich vom Objekt ausgehend auf uns zu bewegen und dauerhaft auf uns einwirken. Eben dieses *Aufblinken des Sinns*, das im Herzen der trügerischen Oberflächlichkeit der Alltagswelt liegt, gilt es wahrzunehmen. Ist diese Dualität der Alltagsdarstellungen, die den allgemeinen Sinn der sie erzeugenden Gesellschaft auf ihrer Oberfläche verbergen, erst einmal erkannt, können wir uns auf das Abenteuer einlassen, die Wahrheit des städtischen Lebens zu erkunden.

5.

Generalmobilmachung

»Dem Himmel sei Dank, sind wir nicht im Boden verwurzelt und hienieden ist nicht die ganze Welt.«

Henry David Thoreau

Etwas Klösterliches, ja eine gewisse Andacht liegt in der Abenddämmerung, wenn sich die Sperrholztüren der *motelrooms* alle gleichzeitig vor einer ganz nahen und doch vollkommen unzugänglichen Innerlichkeit verschließen, die nur die kurzen, aus den Fernsehern dringenden Aufschreie oder das Summen der Klimaanlage stören. Doch die durchbrochene Stille resultiert hier nicht aus Konzentration, sondern aus Erstarrung. Und der Gast kann sich nur fragen: Wer sind diese Männer und Frauen, mit denen ich eine Nacht lang zusammen bin und deren erstickte Echos mich durch die Wand erreichen? Denken sie in diesem Augenblick an mich, so wie ich an sie denke?

In der bunt zusammengewürfelten Motelbevölkerung trifft man auf so ziemlich alles, am häufigsten jedoch auf Leute, die sich *in einem Moment des Aufbruchs* befinden: eine Scheidung, eine neue Arbeit, eine neue Begegnung. Menschen, die *dazu ansetzen*, etwas zu tun, die aber weder ihre Absichten erreicht noch über ihr Ziel entschieden haben. Menschen, die sich weder in vergeblichen Klagen über vergangene Misserfolge ergehen noch in müßigen Spekulationen über ein verheißungsvolles Morgen. Instabile und unentschlossene Wesen, die ihren Weg gehen, ohne eigentlich zu wissen, wohin oder warum. Handelsreisende, Arbeitssuchende, Saisonkräfte, Alleinstehende, Geschiedene, Menschen auf dem Sprung, die sich alle mehr oder weniger danach sehnen, *noch einmal bei Null anzufangen*. Und dieser Nullpunkt ist genau hier. Nur absolute Nüchternheit erlaubt einem die klare Einschätzung seiner Reserven. Erst wenn man völlig am Boden ist, ist man mit seinem Wesen in Einklang.

Mit der Zeit bemerkt man in den urbanen Phänomenen die allgemeine Übereinstimmung der Orte und ihrer Bewohner. Wie die dünnen, an einem Tag zusammengebauten Sperrholzwände, die zumeist seinen alltäglichen Horizont bilden, ist auch der Mensch der Moderne dem prekären Schicksal eines Fertighauses unterworfen. Er ist genauso *cheap*, zerbrechlich und demontierbar, genauso von seinem natürlichen und kulturellen Umfeld getrennt, genauso vereinsamt in seiner reinen, berechenbaren Funktionalität. Er ist zu einem flexiblen Menschen geworden, der sich ohne feste Haltepunkte ausschließlich für eine unbegrenzte Mobilität verfügbar hält, zu einem Menschen, der lange schon einer allzu engstirnigen und gestrigen Idee entsagt hat: dem Ort. Er ist noch nicht einmal mehr der Durchschnittsmensch, dessen Leben mehr schlecht als recht ständig zwischen den zwei Extremen von Mangel und Exzess schwankt, sondern der *grundlos mobile*, der vagabundierende Mensch, der sich selbst durch die Figur einer einfachen räumlichen Projektion, die sich aus einem Automobil und seiner geradlinigen Fortbewegung zusammensetzt, aus der Welt verbannt hat. Aber was bedeutet diese Prekarität seiner Situation? Inwiefern führt die Mobilität zu einer permanenten Umgestaltung des Stadtbilds und des Lebens? Mit dem Auftreten des Motels und seiner suburbanen

Entwicklungsformen wird in gewisser Weise deutlich, dass der aktuelle Zustand, in dem sich unser menschliches und soziales Gefüge befindet, der wachsenden Unfähigkeit entspricht, auch nur irgendeine räumliche und zeitliche Dauer zu begründen. Mobilität wird bloße Fragilität, wenn die Möglichkeit des Stillstands nicht mehr zugelassen wird.

Hinzu kommt für den umherirrenden Menschen noch ein zweiter Grund für sein Unglück: Sein Nächster ist kein Garant mehr für eine konstante Beziehung zur Welt, die ihm ein Ort noch zusichern konnte. In seiner Verunsicherung beginnt der Umherirrende nach »Hilfskonstruktionen« zu suchen, die das schwankende Fundament einer zusammenbrechenden Welt vielleicht noch festigen könnten; und in einem anderen Menschen vermeint er noch immer die beste Stütze zu finden. Auch heute, nach Jahrtausenden eines durch Abkommen und Gesetze mehr oder weniger geregelten sozialen Zusammenlebens, ist es noch immer nicht möglich, über den endgültigen Wert dieser Überzeugung zu urteilen. Doch darf man an der Realisierung dieser Hoffnungen starke Zweifel haben. An dieser Stelle sollte an Folgendes erinnert werden: Wenn der Glaube an die Welt und ihre Beständigkeit schwindet, so dass eine Reise nicht länger ein Abenteuer ist, sondern in eine Suche nach Garantiebeweisen umschlägt, so ist es ganz gewiss nicht das Vertrauen in den anderen, das diesen Glauben wiederherstellen kann.

Wie eine Röntgenaufnahme des liberalen Amerika, das die wachsende Deregulierung und Flexibilisierung der Arbeit und insbesondere jene internationalen Führungskräfte preist, die in einem Jahr vier Mal die Welt umrunden, jene *road-warriors* und Könige der Straße (oder müsste man sie nicht doch eher als

Straßenbanditen bezeichnen?), lassen Motels die Grundstruktur eines mentalen Dispositivs sichtbar werden, das sich zwar aus Versatzstücken zusammensetzt, dabei aber dennoch stabil ist und auf Rentabilität und unmittelbarer Effizienz fußt. Mit seiner kärglichen Innenausstattung vergegenständlicht das Motelzimmer den psychischen Raum jener Menschen, die vom Glück begünstigt oder vergessen worden sein mögen, die aber allesamt und unterschiedslos *keinen festen Wohnsitz* haben und ewig um die entkernten Räume der Städte kreisen. Die Tatsache, dass sie sich an solchen Orten aufhalten, fasst folglich besser als jede Grundsatzerklärung den aktuellen Zustand der Gattung Mensch zusammen, die sich in totaler Deterritorialisierung befindet. Als Raum beständiger Unruhe hat das Motel in allem dieser universalen Mobilität zu entsprechen. Der amerikanische Nomade spricht zwei Sprachen: die englische und die des Automobils.

Doch ist der ständig umherziehende Mensch schon längst nichts Ungewöhnliches mehr. Das liberale System fordert in seiner jüngsten Entwicklung nachdrücklich solche Menschen, die buchstäblich auf der Drift sind, ohne Bindung oder Halt, die jederzeit auf einen einfachen Anruf hin ans andere Ende der Welt, nach Hongkong, London oder Johannesburg geschickt werden können und von dort vielleicht niemals zurückkehren. Menschen, denen ein Heim nicht mehr viel sagt, höchstens noch eine einfache Internetverbindung, Breitbandanschluss, einen Briefkasten bedeutet. Das soll jedoch nicht heißen, dass man sich in einem Motelzimmer automatisch wie *zu Hause* fühlt, sondern eher umgekehrt, dass man bei sich zu Hause den Eindruck hat, in einem Motelzimmer zu sein. Schenkt man den Theoretikern Glauben, die sich mit der amerikanischen Stadt beschäftigen, kommen fortan dem *Zuhause* »die Eigenschaften des Motels als vorübergehendem Zwischenstopp«[9] zu. Abgelöst durch die Prekarität und Flexibilität der Arbeit, die letztlich nur zwei Seiten derselben Medaille sind, ist das ortlose Umherirren in gewisser Weise zu einer Regel des Lebens geworden, wie es uns in Zukunft erwartet. Immerhin ist es nun nicht mehr allein gesellschaftlichen Randgruppen und Außenseitern vorbehalten, die jede soziale Verankerung und Stellung ablehnen, sondern vielmehr eine akzeptierte Weise, eine Position innerhalb der Gesellschaft zu erlangen, ins soziale Spiel von Anerkennung und Aufstieg einzutreten, das seinerseits durch den ökonomischen und ästhetischen Kanon der *allgemeinen Transitivität* von Grund auf verändert wurde.

So ist heute jeder dazu angehalten, zum Migranten oder Landstreicher zu werden, der sich je nach Arbeitslage und den sich ihm bietenden Gelegenheiten auf den Straßen und in Transiträumen wiederfindet und den Kapitalflüssen folgt, so wie die Hobos Anfang des 20. Jahrhunderts den Wanderbaustellen durch die unendliche Weite Amerikas folgten. Wird nun die Arbeit mehr und mehr saisonal, aleatorisch und flexibel, indem sie sich allein nach den klimatischen Veränderungen nicht mehr des Himmels, sondern der Börse richtet, steht zu vermuten, dass eine gesamte Vorstadtbevölkerung den Lebensstil der »Hobohème«[10] annehmen wird. Die künftigen Außenseiter werden zweifellos diejenigen sein, die sich die Fähigkeit zur allgemeinen *Auto*mobilität nicht angeeignet haben werden und sich in ihrem lokalen Starrsinn verzweifelt an Orte klammern, die für alle emanzipierten Menschen dieser Welt schon nichts mehr bedeuten.

Darum muss die Feststellung erstaunen, dass die Hobos Anfang des 20. Jahrhunderts, wie sie Nels Anderson beschrieben hat, am untersten Ende der sozialen Leiter standen und kaum besser dran waren als die Landstreicher und Bettler, mit denen sie ansonsten nur das Manko verband, keinen Wohnsitz zu haben. Gegenüber der beständigen Sorge um eine gute Absicherung der eigenen Lebensverhältnisse war das Nomadentum also ein offenkundiges Zeichen für eine mangelnde Anpassungsfähigkeit an die sozialen und ökonomischen Bedingungen jener Zeit, und das, obwohl die Hobohème dadurch, dass sie billige und mobile Arbeitskräfte stellte, die schnelle Entwicklung der Industrie und Landwirtschaft in einem Land, so groß wie ein Kontinent, überhaupt erst möglich gemacht hat. Anderson gelten diese Nomaden folglich als »die Verdorbenen, die Unangepassten *(misfits)* der Industrie«,[11] die unfähig dazu sind, an einem bestimmten Ort für eine bestimmte Zeit dauerhaft sesshaft zu werden oder sich mit Beständigkeit einer Aufgabe oder einer Entscheidung (sich irgendwo niederzulassen, eine Familie zu gründen etc.) zu widmen. Dementsprechend steht seine gesamte Darstellung des Hobos in eher negativem Licht. Einmal von der positiven Lust am Abenteuer, der *Wanderlust* abgesehen, zeugen alle anderen genannten Bedingungen, die die Wahl des Hobo-Lebensstils begünstigen, von einer gewissen Entwertung: Arbeitslosigkeit, Unangepasstheit, ökonomischer Niedergang, Ablehnung durch die Familie, Persönlichkeitsstörungen, Alkoholismus, rassistische und nationale Diskriminierung etc. Zwar verschweigt Anderson in seiner Studie das Vorhandensein eines gewissen Stolzes der Hobohème nicht; sie verfügt über Vereine und sogar eine eigene Universität in Chicago. Doch erscheint diese Lebensweise trotzdem immer eher wie ein Notbehelf, eine Lösung aus Mangel an Alternativen, die nie wirklich gewählt oder gewünscht worden ist.

Ohne dieser Darstellung widersprechen zu wollen, die gewiss einen Zustand der amerikanischen Gesellschaft (der zwanziger, dreißiger Jahre) widerspiegelt, muss dennoch angemerkt werden, dass dieselbe prekäre und mobile Lebensweise, die im Industriezeitalter abgewertet wurde, in der gegenwärtigen Gesellschaft eine Aufwertung erfährt. Eine gewisse Gewieftheit, Lust auf Neues und die Fähigkeit zur Veränderung sind sämtlich Charakterzüge, die heute den urbanen Nomaden auszeichnen und als Qualitäten anerkannt sind, die Sozialisierung und Integration im ökonomischen Feld ermöglichen. Ohne Obdach und ohne Bindung zu sein, führt nicht mehr zwangsläufig zu sozialem Ausschluss. Ganz im Gegenteil: Die Fähigkeit zum Aufbruch ist inzwischen sehr viel wichtiger als die zur Sesshaftigkeit. Der Wert eines Menschen wird heute eher danach bemessen, was er zurücklassen kann, als danach, was er besitzt. In diesem Sinne hat der amerikanische Hobo, der einst dem Landstreicher und Penner nahestand, seinen sozialen Status verändert, wobei er sich seine nomadische Lebensweise und die sie kennzeichnenden Grundwerte als wesentlich bewahrt hat. Hobohème ist Hobourgeoisie geworden. Während sich die Arbeitswelt auf eine größere raum-zeitliche Elastizität hin entwickelt, stellt die Hobo-Lebensweise für den sozialen und urbanen Menschen die bestmögliche Weise der Anpassung dar, die darüber hinaus durch eine Erhöhung des Lebensniveaus belohnt wird.

Es besteht sicherlich ein großer Unterschied zwischen den Hobos der dreißiger Jahre und dem heutigen Stadtnomaden, gerade in Hinblick auf berufliche Qualifizierung und die Art des Lebensunterhalts, doch was ihre Lebensformen angeht, so bleiben sie sich relativ gleich. Während der Mensch *ohne festen Wohnsitz* häufiger an internationalen Flughäfen anzutreffen ist als auf den Bürgersteigen der Städte, bleiben Bettler und Obdachlose, die überhaupt keine Unterkunft haben, dem gleichen Ort, der gleichen Stadt, manchmal sogar der gleichen Straße treu. An dieser Stelle muss präzisiert werden, dass im Unterschied zum Hobo, der arbeitet und reist, oder zum Vagabunden, der nicht arbeitet, aber reist, der Obdachlose weder arbeitet noch reist. Er ist ein Mensch, »der an einem bestimmten Ort bleibt, ohne je zu arbeiten«.[12] Hingegen definiert sich der Hobo ganz wie der urbane Nomade, der Mensch der Motels und Tankstellen, allein durch das reine Ineinandergreifen von Arbeit und Mobilität. Die Hobohème stellt den eigentlichen Typus der Erfahrung dar, die diese beiden Faktoren des Alltagslebens verbindet. Mehr noch als Armut und geringe Qualifizierung, mehr als familiäre Vorgeschichten und soziale Misserfolge zeichnet den Hobo laut M. Kuhn, ein von Nels Anderson befragter Hobo-Schriftsteller, die »Art seiner Arbeit« aus.[13] Gerade weil die Arbeit, die der Hobo sucht, wesentlich mobil und saisongebunden ist (staatliche Großbaustellen, Ernten etc.), nimmt er eben diese Lebensweise an und keine andere. Im Unterschied zum Vagabunden, für den *unterwegs zu sein* sich selbst genügt, lässt sich der Hobo nur durch diese unerschütterliche Verbindung aus Entwurzelung und Arbeit verstehen. Er ist abhängig von dem Typ der Anstellung, den er sucht, und seine Lebensweise ergibt sich daraus. Unter diesen Bedingungen wird verständlich, dass die aktuelle Revolution der

Arbeit hin zu größerer Flexibilität und Mobilität mit der Wiederentdeckung der Werte der Hobohème einhergeht.

Jedoch mit dem Unterschied, dass die nomadischen Lebensformen des Hobo heute in gewisser Weise das soziale Modell darstellen, das es zu übernehmen gilt. Sie sind nicht länger in die Randzonen verbannt. Die Menschen, die sich heute am untersten Ende der sozialen Leiter befinden, sind nun gerade diejenigen, die ihr Wissenskapital und ihr Know-how nicht aus dem Stegreif mobilisieren können und darum zu Opfern ihrer eigenen Unbeweglichkeit werden. Diejenigen also, die nicht über die Fähigkeit verfügen, Dinge hinter sich zurückzulassen, die sich an ihr bisschen Besitz klammern wie Austern an einen Felsen.

Dass man heute an der Spitze der großen Informatikunternehmen in Silicon Valley die ehemaligen Vorkämpfer wiederfindet, die in den sechziger Jahren alternative Lebensformen verfochten haben, also die Nachkommen der Hobos und Rucksackreisenden, ist somit nicht weiter überraschend. Die Werte der Drift, der Flucht und des sozialen Nomadentums sind ganz genau dieselben, die sich momentan bestens dazu eignen, unangefochten die Welt der postindustriellen Wirtschaftsrevolution zu lenken, um der Kapitalzirkulation freien Lauf zu lassen. In gewisser Weise haben die neuen Führungskräfte in ihrer mehr oder weniger ehrlichen Konversion zur Marktwirtschaft weder ihre revolutionären Jugendideale aufgegeben noch sind ihre Träume von Veränderung auf der Strecke geblieben. Sie haben einfach erreicht, dass das Handelssystem sich selbst von innen heraus revolutioniert, wodurch es die ihm eigene Plastizität und Beweglichkeit unter Beweis gestellt hat, und dass es die allgemeine Mobilität in sich integriert. Da sie die Gesellschaft in ihren Grundfesten nicht verändern konnten, haben sie sich schließlich einfach dazu entschlossen, eine Gesellschaft der permanenten Veränderung zu erzeugen.

Diese tiefgreifende Entstellung der Produktionsweisen und der Tauschsysteme unter dem Einfluss ständiger Bewegung, die sich in der Instabilität der Arbeitsplätze und dem fast allumfassenden Turn-Over der Aufgaben bestätigt, bleibt nicht ohne Wirkung auf die Gestaltung des Landes. Sobald die Mobilität von Kapital und Personen zum wesentlichen Richtwert für die Bewältigung einer Aufgabe wird, verlieren alle Orte, an denen dieser Richtwert Einzug halten, ja sich festsetzen soll, automatisch ihre Bewohnbarkeit. Wie bereits Melvin Webber in den sechziger Jahren bemerkt hat, ist die Stadt selbst nicht mehr das Resultat aus einem Zusammentreffen von Personen in einem relativ geschlossenen Raum, sondern aus der Gesamtheit der Verbindungen, die sie untereinander in der Zeit unterhalten. Mehr als durch die endgültige Aneignung und Gestaltung eines Orts zeichnet sich die Stadt also durch die Konzentration von diversen Kommunikationen und Formen des Austauschs aus. In dieser tiefreichenden Entwurzelung des Menschen sind das Büro ebenso wie das *Zuhause* letztlich nicht mehr als modulierbare Etappen zwischen zwei Reisen. Wie schon Ernst Bloch in den sechziger Jahren voraussagte, sind die Tage des eigenen Zuhauses als Ort der Rückkehr, als Zentrum der Aussendung und Rezeptivität von Sinn gezählt. Beständiger Ortswechsel gibt nun die Regel vor, und das Heim hat in seiner neuen und unaufhaltsamen Mobilität nicht viel mehr räumliche und affektive Konsistenz als ein Motelzimmer.

Diese allgemeine Beschreibung soll jedoch nicht die Besonderheit der jeweils einzelnen Situation vergessen lassen. Wenn beispielsweise der Städter immer weniger Zeit an seinem Arbeitsplatz und bei sich zuhause verbringt, da er immerzu auf der Straße und in U-Bahn-Stationen, an Bahnhöfen und Flughäfen unterwegs ist, mit seinem *Roll*koffer und seinem *tragbaren* Computer als einzigen Begleitern, ist es fast natürlich, dass er den verschiedenen Orten, an denen er vorbeikommt, keinen eigentlich persönlichen Wert mehr zuschreibt. Alles liegt für ihn auf derselben Ebene, derjenigen einer Straßenkarte, eines Flugplans, *res extensa*, Figur und Bewegung, Länge, Breite und Höhe. Ohne die Permanenz und Referenz, die sie zu tatsächlichen Topoi werden ließen, können diese Orte der Sesshaftigkeit (Büro/Zuhause) nicht mehr als Auffangbecken einer dauerhaften affektiven Besetzung dienen, das den Raum in eine Verlängerung des *Selbst* umwandeln würde. Gleichsam befreit von der Erdverbundenheit und der Verpflichtung, sich eine Wohnstatt zu wählen, überträgt der Mensch seine plurale und wankelmütige Zuneigung auf Objekte, die ihrerseits mobil sind (Autos, Handys, Computer etc.). In dieser Aufwertung des Vergänglichen blüht der Mensch erst auf. Der Immobilienmarkt hat nicht länger seine Gunst, weil er nicht mehr von ihm profitieren kann. Auf seiner endlosen Pilgerfahrt wird sein Domizil zum x-ten Motelzimmer, nicht mehr und nicht weniger. Übernimmt es im Übrigen auch nicht seine Funktion, so doch häufig sein Aussehen. Denn die in diesen unpersönlichen Aufenthaltsorten verbrachte Zeit wird ihm so kurz, dass der heutige Nomade gar nicht mehr die Muße hat, sich endgültig in ihnen einzurichten.

Wichtig ist für ihn umso mehr das, was er mit sich trägt, das also, was beweglich und tragbar ist.

Als Kinder dieses übermächtigen Zeitgeistes haben einige Consultingfirmen bereits begonnen, sich bei der Einrichtung ihres Geschäftssitzes von der Vorstellung abgetrennter und persönlicher Büros, von vorsorglich abgegrenzten Arbeitsräumen zu verabschieden, um dafür Platz für einfache, leere, öffentliche und unpersönliche Zonen zu schaffen, in denen die Angestellten ihre Kunden zwischen Tür und Angel empfangen können, ohne erst ihre Sachen abstellen, eine kleine Ecke des Tischs auf ihre Weise gestalten, mit einem Wort: sich festsetzen zu können. Diese anonymen und modulierbaren Zonen der Begegnung erlauben einerseits einen Platzgewinn, verweisen die Angestellten aber auch auf ihre vertraute Umgebung zurück: Bahnhofs-, Flughafen-, Hotelhallen. Solange die kommerzielle Architektur ausschließlich von der Automobilität abhängig bleibt, ist das Gebäude, das die Minimalfunktion eines Zwischenhalts zu gewährleisten hat, von fragmentarischer Zersetzung bedroht. Was kümmert's da noch, dass sie die Ansammlung von Erfahrungen und Gütern an einem einzigen Ort für überholt erklärt (bestand nicht die ursprüngliche Funktion der Architektur in den sumerischen Städten darin, Gütervorräte in einem geschlossenen und geschützten Raum anzulegen?); die Schlacht, die sie nun unter dem Banner der allgemeinen Mobilmachung führt, fordert die Abschaffung der Erholung.

Ohne sich mit gewagten Vorhersagen allzu weit hinauszulehnen, darf man vermuten, dass es dem Zuhause bald ähnlich ergehen wird. Die Entdifferenzierung des Arbeitsraums in der Ent-Ortung wird sich direkt auf den persönlichen Lebensraum des Zuhauses niederschlagen. Das Prinzip des Wohnraums wird dem Prinzip fortwährender Automobilität weichen, das die Person neu definieren wird: als polares Zentrum sich überlagernder Verbindungen und nicht mehr als Individuum, das einen Raum besetzt und sich über ihn definiert (wobei sich sogar die Nationalität von der Erde in den Himmel der Kommunikation verlagern wird). Dieser ganze Prozess ist Teil einer äußersten Entwirklichung der konkreten Erfahrung, die nach und nach ihre Substanz und Körperlichkeit zugunsten fast immaterieller Haltungen verliert, die in keinem direkten Kontakt zu dem Widerstand einer nicht digitalisierbaren, körperlichen Nähe mehr stehen. Je mehr der Mensch Gebäude als Etappen und Übergänge, als Durchgänge und Eingänge erfährt, desto weniger wird er ihnen einen wesentlichen und dauerhaften Wert, eine spezifische affektive oder ethische Qualität beimessen. Sie werden nur noch als Mittel zu einem Zweck wahrgenommen werden, der sich nirgendwo verankern kann: zu Zwecken des Profits etwa.

Das Motel, das zu Beginn des Jahrhunderts lediglich ein Übergangsraum für motorisierte und betuchte Touristen war, wird durch die allgemeine Verbreitung der von ihm überhaupt erst hervorgebrachten nomadischen Moral zum Lebensmodell von Millionen von Männern und Frauen, die Tag um Tag von einer Arbeitsspirale dritter Art erfasst werden: die mobile und flexible Arbeit. Wie die Trailer-Parks mit ihren auf Leichtbausteinen aufgesetzten Airstream-Wohnwagen ist es das Symptom einer neuen Seinsweise. Ein ehernes Gesetz schält sich heraus: Die universelle Fortbewegung der Automobilität versieht jeden möglichen Wohnort mit einem Unbestimmtheitskoeffizienten. Büros, Wohnräume, Ess- und Schlafzimmer, Flughafenhallen und

U-Bahnstationen – alles wird kalt und leer, arm und einfach: dieselben Plastikmöbel, dieselben schmucklosen Formen, dieselbe nüchterne Atmosphäre an Orten, wo nichts mehr Wohnstätte ist, wo nichts mehr statthat. Niemand hat mehr Ankerpunkte, an die er sich halten könnte und die ihm also als *Erfahrung* dienen könnten, als eine *Durchquerung (ex-perientia)* des Realen. Ohne einen Raum, in dem es aufkommen könnte, hat sich das Statt-Haben in die Erinnerung des Möglichen zurückgezogen. Etwas könnte hier sein oder auch da, in jedem Fall aber bleibt es beliebig, einfach *irgendetwas im Allgemeinen*. Eine merkwürdige Konsequenz der *universellen Mobilität*: Wohin man auch geht, alles ähnelt sich und wird identisch. Je mehr man zum Reisen angehalten wird, desto weniger rührt man an eine Empfindung des Exotischen, wie sie Victor Segalen zu Beginn des 20. Jahrhunderts noch beschreiben konnte: das »Vermögen, anders wahrzunehmen« (*Versuch über den Exotismus*). Alles bewegt sich, alles eilt umher und zirkuliert in totaler Heterogenität zu den anderen und zur Welt, in der Alterität keinen Platz mehr hat; ohne Weg, ohne Fortschritt bleibt die universelle Ruhelosigkeit für die meisten von uns in einem Auf-der-Stelle-Treten gefangen.

Dieses Paradox hilft uns zu verstehen, dass es in der gegenwärtigen Welt in all ihren technologischen und affektiven Aspekten darum geht, jedweden Begriff eines Zentrums oder eines festen Haltepunkts definitiv in der Fluidität eines Netzwerks (Autobahnen, Kapitaltransaktionen, Internet) aufgehen zu lassen, den letzten verbleibenden Sinnkern eines Lebens, das sich an den Schutz eines Ortes klammert, aufzusprengen und jede topologische Anbindung im *horror vacui* aufzulösen. Was bleibt von dieser kosmischen Explosion? Der freie und unbestimmte

Raum des Umherirrenden, in dem der Mensch, dem die Welt, das heißt die Zugehörigkeit zu einem Ort, abhandengekommen ist, umherschweift, ohne eigentlich zu wissen, wohin er gehen soll, und zwar selbst dann, wenn er über einen Routenplan verfügt; der von Motel zu Motel zieht oder von Flughafen zu Flughafen, auf der Suche nach einer Arbeit, einer Verbesserung seiner Lage, oder, ganz banal, einem neuen Motel, einem neuen Flughafen. »Als gehörte er keiner Stadt an, als gäbe es nicht eine Straße, nicht eine Wand, nicht einen Zoll Boden, auf dem er sich zu Hause nennen könnte« (Faulkner, *Licht im August*), verfolgt der entwurzelte Mensch Tag für Tag seinen absurden Weg ohne dabei irgendwie voranzukommen. In der Erzählung »Vitamins« legt Carver einer seiner Figuren, die ein neues Leben in einer anderen Stadt beginnen will, folgende Worte in den Mund: »Irgendwas muss es wohl in Portland geben. Im Moment sprechen alle immer nur von Portland. Portland bringt Glück. Portland hier und Portland da. Dabei ist Portland genauso gut wie anderswo, das ist doch einerlei.«[14]

Unsere Untersuchung des vorstädtischen Alltagslebens in seinen Übergangsformen will keine Position in der Frage beziehen, welchen sozialen Wert diese Metamorphose hat. Es genügt uns, sie als das anzuerkennen, was sie ist: eine beständige Betriebsamkeit, die durch ihre fortwährende Bewegung Landschaft, Gegenstände und Personen verändert. Wir wollen nicht verschweigen, dass die zwar ungeschliffene, aber kraftvolle Weise, mit der sie das Individuum von einer gewissen Mythologie des Ortes befreit, durchaus auch positive Aspekte enthalten kann.

Recht früh schon im vergangenen Jahrhundert ist mit dem Motel also unbemerkt eine neue Form der Urbanität eingezogen.

Mit ihm entsteht die Gesellschaft der permanenten Mobilität und des kontinuierlichen Transits, der Autobahnen und Tankstellen, der motorisierten Handelsvertreter und der großen saisonbedingten Migrationen, der Auslagerungen und der räumlichen Globalisierung, der häufigen und reflexartigen Umzüge, in einem Wort, das *Reisefieber*. Sei es der urbane Raum in seiner Gesamtheit, seien es Gebrauchsgegenstände oder die soziale Organisation selbst – alles muss jetzt auf eine höhere Flexibilität antworten, auf die Fähigkeit, sich unmittelbar in Bewegung zu setzen. Das soziale Wesen scheint von einem kinetischen Trieb auf Trab gehalten zu werden, der sich auf alle Elemente des städtischen Lebens niederschlägt. Alles muss auf der Stelle mobilisierbar, einsatzbereit, konsumierbar, verschlingbar sein. Nichts darf sich außerhalb eines Radius von zwanzig Kilometern befinden. Jeder Städter muss jede Lust oder Marotte innerhalb einer Stunde befriedigen können. Wenn alles nach Hause geliefert werden kann, dann stellt ein Zuhause, das sich allein auf diese zentripetale Funktion beschränkt, lediglich den Konvergenzpunkt unausgesetzter Weltbewegungen dar. Eine permanente *Bereitstellung* kann nun einmal nur durch die Mobilmachung von allem und allen erreicht werden. Permanent Gewehr bei Fuß stehend und immer den Befehlen des Mobilen unterworfen, sorgt sich der Mensch darum, ob sich auch alles, was sein Herz begehrt, in unmittelbarer Nähe befindet. Aber durch diese Tendenz zur permanenten Bereithaltung haben wir es einfach nur mit einem Menschen zu tun, der völlig grundlos ständig mobil ist und dessen Absichten sich folglich allein darauf beschränken, sich selbst permanent anderswo zu suchen, als er ist. Trotz seiner totalen Mangelhaftigkeit oder gerade dank ihr macht das Motel mit dem technologischen Inbegriff des sozialen Nomadentums gemeinsame Sache: der Automobilität.

Allerdings löst sich diese zentrifugale Entwicklung an den Stadträndern nicht einfach in Chaos auf. Hinter dem Anschein totaler Unordnung hält sie sich strikt an ihre eigene und relativ klare Logik: diejenige eines direkten Zugangs für Automobile zu allen Einrichtungen. Der Städter erlebt räumliche Erfahrung hauptsächlich in der Modalität des *Sofort*. Mehr als von allem anderen davon überzeugt, dass ihn der technologische Fortschritt gewissermaßen zum »Herrn und Meister der Natur« machen kann, ist der moderne Mensch ein Wesen, für das Komfort, das heißt ungestörte Befriedigung, den einzigen realen Wert darstellt. Anstrengungen und Unannehmlichkeiten, Widerstände und Mühen, die seine behagliche Ataraxie stören würden, gilt es um jeden Preis zu vermeiden. Ständig treibt ihn die Angst um, sich plötzlich in einer Situation wiederzufinden, in der ihm etwas Grundlegendes fehlen könnte, was er sich nicht sofort beschaffen kann. Dass jede *Vorhandenheit* zugleich *Zuhandenheit* sei, dass alles *Griffbereite* auch in *Reichweite* liege und sich Extension von selbst in Disposition umwandle, dass alles mobilisierbar, da ohnehin mobil sei – hiernach strebt der Nomade. Und all dies kann nur dann möglich werden, wenn alles jederzeit einsatzbereit ist. Hierin liegt ausdrücklich der Sinn jener universellen Bereitstellung, die das moderne Zeitalter regiert: Die Welt scheint kaum noch viel mehr zu sein als eine allgemeine Vorbereitung zu einer unmittelbar bevorstehenden Handlung, die alles in allem nicht länger als einige Minuten dauern soll. Sie ähnelt heute einem riesigen Speicher an Disponibilität, die unmittelbar in Effektivität konvertiert werden kann.

Aus dieser Perspektive einer universellen Annäherung von allem an alles, einer fast ubiquitären Nähe zwischen Gegenständen und Personen in der restlosen Präsenz *von allem, sofort*, besteht die einzige Aufgabe des technologischen Universums darin, die zwanglose Erfüllung alltäglicher Aufgaben zu erleichtern. Die »Ent-fernung der Welt« in der Immanenz, von der Heidegger in *Sein und Zeit* spricht, ist momentan überall im Gange: Die technische Apparatur führt zu einer progressiven Abschaffung der Ferne zugunsten eines Hier, das uns, obwohl es das *Entfernt-Sein* der Dinge zu überwinden sucht, auf unsere eigene, ursprüngliche Entfernung zurückwirft. Durch diese tiefgreifende Veränderung unseres Verhältnisses zu Orten werden zeitliche Distanz und Länge als Hindernisse empfunden, ja als ungerechte Bestrafungen, machen sie uns doch den Abstand spürbar, der zwischen uns und der Welt besteht. In dieser Bewegung der totalen Verfügbarmachung der Welt innerhalb des intimen Kreises unserer unmittelbaren Interessen löst sich die Urbanität restlos auf. Das Stadtzentrum ist hinfällig geworden, überholt, bedeutet es doch vor allem Staus und Parkplatzmangel, Streckung der Zeit und Stauchung des Raums. Die Dezentralisierung der Stadt zugunsten urbaner Peripherien resultiert also allein aus dem Anspruch, die im Auto zurückgelegten Strecken zu erleichtern. Fortan gibt es in Ballungsgebieten ein Zentrum nur noch in Form eines Einkaufszentrums.

6.

Das Ende der Reise

»Ich reise viel. Nicht weil ich auf der Suche nach etwas Bestimmten bin, sondern weil ich lieber dem entfliehe, was schlimmer würde, bliebe ich hier.«

Robert Eroica Dupea, in Five Easy Pieces von Bob Rafelson

Versucht man, das Profil des modernen Nomaden, den die Gesellschaft der allgemeinen Mobilmachung hervorbringt, festzuhalten, so staunt man schnell über seine Transparenz. Auf den Menschen des 19. Jahrhunderts, der sich den Massen gegenübersah, auf den träumerischen und neugierigen Passanten der Großstädte (London, Paris, Berlin etc.), wie er von Poe und Baudelaire dargestellt, von Valéry und Benjamin analysiert wurde, folgt der wandernde, auf öden Straßen umherirrende Mensch, ein Vagabund ohne Ziel, ohne Vergangenheit, der verwirrte Amnestiker aus PARIS-TEXAS, der in einem schäbigen Motel am Rande des Nirgendwo strandet, ohne zu wissen, woher er kommt oder wohin er geht. Ein Nomade ohne Nomadentum, das heißt ohne jede Kenntnis davon, was er tut, und ohne eine Rechtfertigung für seine Handlungen a posteriori. Jemand, der nichts anderes kennt als die ununterdrückbare Notwendigkeit, dem unausgesetzten gelben Mittelstreifen der Highways zu folgen. Eine in der und für die Gemeinschaft verlorene Seele.

Auf den überfüllten Straßen der europäischen Städte im 19. Jahrhundert findet sich der eilende oder gelassene, konzentrierte oder zerstreute Flaneur immer in einer vertrauten

Umgebung wieder, die ihn durch ihre Anordnung oder Gestaltung an die bürgerlichen Salons erinnert, in denen er lebt und nicht mehr leben will. Die Straße ist nur die Verlängerung seines Wesens. In einer Umgebung, in der er alles mühelos wiedererkennt, wo er an jeder Straßenecke seine gewohnten Orientierungspunkte ausmachen kann, fühlt sich der Flaneur zuhause. Zugleich aber lastet diese Redundanz auf ihm, treibt er sich doch gerade deswegen draußen herum, um der Enge der Salons und Kodes, die sein Leben bestimmen, um der tristen Regelmäßigkeit seiner Existenz zu entfliehen. Seine Strategien sind immer Fluchtstrategien. Eingesperrt in die Intimität einer Stadt, die sein eigenes Ich ist, versucht er sich zu verlieren, sich zu vergessen, in anderen Gestalten aufzutreten. Er will *anders werden*. Immer wenn er die Stadt durchkämmt, ist er auf der Suche nach dem Anderen, lauert er auf etwas, das die Vertrautheit seiner Umgebung mit einem Schlag zerstreuen könnte. Der Eintönigkeit seines Zuhauses und des Außen, welches es widerspiegelt, überdrüssig, verbringt er seine Zeit damit, in den dunklen Schränken der Stadt zu wühlen, als handele es sich um die Schränke in seinem Zimmer, immer auf der Suche nach etwas, das, einmal ans Tageslicht gebracht, durch seine Alterität die unerbittliche Wiederholung des Gewohnten durchbrechen würde. Als ein Voyeur, dem es unerträglich ist, sich zu verstecken, späht er hinterlistig und wie durch ein Guckloch auf die Welt, lauert an jeder Kreuzung auf den plötzlichen Einbruch des Seltsamen und Ungewöhnlichen und erzeugt es sogar selbst, wenn es sich nicht spontan von selbst einstellt. Er ist, wie Siegfried Kracauer in »Erinnerung an eine Pariser Straße« gesteht, methodisch auf der Suche nach »Ausschweifungen«: »Auf diesen Routen trieb ich mich umher und mußte in jedem Passanten den Eindruck eines ziellosen Schlenderers erwecken. Und doch war ich, streng genommen, nicht ziellos.«[15] Als Meister psychischer Autosuggestion versieht er die Straßen der Stadt mit außergewöhnlichen Ereignissen und würde am liebsten *das Unterste zuoberst kehren*, ohne dass es jemandem auffiele. Ecken und Winkel, Innenhöfe und Passagen, Treppenhäuser und Einbahnstraßen sind die Lieblingsschauplätze seiner Eskapaden; auf ihre Fassaden kann sein reiner Fluchtimpuls in aller Ruhe seine Phantasmen projizieren wie auf die öffentliche Leinwand seiner Träumerei.

Die psychische und affektive Situation, in der sich der in den peri-urbanen Zonen umherirrende Mensch befindet, ist eine ganz andere. Sie ist nicht durch die zügellose oder methodische Suche nach dem Wunderbaren bestimmt. In den Vorstädten strebt der motorisierte Nomade weder sein eigenes Verschwinden an noch dasjenige seiner Wegmarken. Bereits verloren, vernichtet, verirrt reagiert er nur noch auf einen kinetischen Trieb ohne jede Intention. Gewiss kann er ab und an noch immer wie James Crumley davon träumen, dass die Straße noch Überraschungen für ihn bereithält, durch die er vielleicht sich selbst entdecken wird, und so einem neuen Bildungsroman als Vehikel dienen kann: »Doch wenn Sie im Inneren Ihres Autos eingeschlossen sind, vor Ihnen kilometerweit nur Gebirge [...], dann können Sie nicht umhin zu glauben, dass Sie wieder zu einem freien und besseren Menschen geworden sind.«[16] Dennoch gilt es, diese Freiheit erst zu erleben, und es ist nicht ausgemacht, dass die Erfahrung der Straße wirklich so viel Neues birgt, wie uns der aus Montana stammende Autor glauben machen will.

So deutlich ihm seine eigenen Motive auch vor Augen stehen mögen, findet sich der motorisierte Nomade doch unvermittelt in einer Welt wieder, die ihm zutiefst fremd ist und von der er sich sofort ausgeschlossen fühlt. Sprachlos fühlt er sich permanent einem unheimlichen, gleichgültigen oder gar feindlichen Universum ausgeliefert. In dieser Mondlandschaft, die ihn an nichts erinnert, bemüht sich der »Benzinzigeuner« (Sinclair Lewis), dem seine gewohnten Bezugspunkte abhandengekommen sind, mehr schlecht als recht, ein vertrautes Element wiederzufinden, das seine Beunruhigung einen Moment lang zu lindern vermöchte. Die unterschiedslose, unendliche Weite, die ihn umgibt, weckt in ihm weder ein Gefühl von Größe, noch führt sie zu einer Expansion seines Ich in der Welt. Ganz im Gegenteil, alles erscheint in völliger Heterogenität. Es geht ihm also nicht darum, sich mutwillig in Gefahr zu bringen, indem er plötzlich etwas Unheimliches heraufbeschwört, sondern vielmehr darum, sich dessen, was noch menschlich ist, zu *bemächtigen*, etwa der Relikte eines verlorenen sozialen Zusammenhalts, darum, der Vergänglichkeit der Orte und Zeichen, die vor seinen Augen vorbeiziehen, ohne dass er dem Einhalt gebieten könnte, eine Gestalt zu geben. In diesem Universum, das durch seine absolute Fremdartigkeit tendenziell bedrohlich ist, auch wenn sich meist gar keine konkrete Gefahr zeigt, sammelt er geduldig die gewöhnlichen Elemente seiner *Oikoumene*, und diese Banalität wirkt auf ihn wie Balsam. Im Gegensatz zum *Flaneur*, der nur so tut als würde er sich selbst Angst einjagen und sich verlieren, achtet der *Umherirrende* sehr viel stärker auf die Spuren einer verlöschenden Welt und auf die verschwommenen Anzeichen einer längst verblassten Vertrautheit.

Eigentlich erklärt allein eines sein unstetes Umherstreifen in der Stadt: die Wiedererkennung. Nicht einfach nur, dass die anderen ihn wiedererkennen, sondern im Gegenteil, dass er selbst die anderen wiedererkennt. Der Akt, der in der Wiedererkennung seiner Umgebung besteht, spielt eine entscheidende Rolle für seine Grundhaltung, denn wenn soziale Bedeutungen von Konventionen herstammen, die andere etabliert haben und die er erlernen muss, will er nicht endgültig aus der städtischen Welt ausgeschlossen werden, dann muss er so schnell wie möglich herausfinden, mit wem er es eigentlich zu tun hat. Der Umherirrende hat das fortgesetzte Bedürfnis, Dinge bestätigt zu bekommen. So versucht er in dem unendlichen Labyrinth aus Verkehrsschildern und immer gleichen Gebäuden mehr schlecht als recht seinen Weg zu finden, sich an bekannten Formen (einem wichtigen Denkmal) oder vertrauten Zeichen (einer Autobahnnummer) festzuhalten, die ihn an eine frühere oder noch ausstehende Erfahrung erinnern können. Die ästhetische Erregung eines plötzlichen Schocks ist sein Ding nicht, und die Suche nach dem Unerwarteten lässt ihn kalt. Er lebt vielmehr immer im Vorbehalt, zugleich verblüfft und sprachlos. Eingeschüchtert durch die Stadt bemüht er sich ständig, sie durch den Status quo zu bezähmen. Der Flaneur verfolgt, was der Umherirrende flieht.

Im Unterschied also zum Pariser Flaneur (Baudelaire, Aragon, Hessel, Fargue, Perec, Réda etc.), der mit jedem Schritt unerschütterliche Gewissheit zur Schau stellt und seine städtische Umgebung bis zum Übermaß beherrscht, so dass er sich gefahrlos in der Stadt treiben lassen, von seinem Weg abkommen, durch die Straßen streifen kann und dabei in seinem tiefsten Inneren immer weiß, wie er wohlbehalten wieder nach Hause findet,[17] wirkt der amerikanische Nomade (London, Steinbeck, Algren, Kerouac, Shepard, DeLillo, Banks etc.) immer so, als komme er gerade eben von einer Reise in ein fremdes Land zurück und erkenne seine eigene Heimatstadt nicht wieder. Mit einem Gefühl totaler und nicht gespielter Angst sitzt er am Steuer seines Autos und alles, was ihn umgibt, erscheint ihm so absolut *fremd*, dass es ihn dazu zwingt, beständig auf der Hut zu sein und von der Wirklichkeit festzuhalten, was an ihr am banalsten (und nicht am phantastischsten) ist. Tatsächlich kann nur das gewöhnliche Leben dazu beitragen, seiner Orientierungsstörung Abhilfe zu schaffen.[18] Auf die eine oder andere Weise versucht er die Gegenwart in etwas Vertrautes umzuwandeln, sich die Dinge anzueignen. Allerdings ist das meist ein reines Palliativ. Aus seinen vielfältigen Anpassungsversuchen gewinnt man letztlich nur folgenden Eindruck: Je mehr er sich abmüht, die Fremdheit seiner Umgebung zu verringern, desto mehr macht sich die Stadt einen Spaß daraus, ihn sich selbst fremd werden zu lassen. Darum entspricht die gewöhnliche Seinsweise des Umherirrenden einem Zustand der Erstarrung, ja der Hypnose, den ihm der europäische Flaneur neidet, der gerade diese Momente des Erstaunens sucht, die er auf natürliche Weise nicht erfahren kann. Unfähig dazu, die Stadt zu lesen (worin der Flaneur brilliert), ist der Umherirrende ein urbaner Analphabet. Hinweisschilder, Straßenmarkierungen, Gebäude, Parkplätze und Autos sind für ihn unverständliche Zeichen, die er vergeblich zu entziffern versucht. Ab und an stottert er ein, zwei Worte, für gewöhnlich aber verfällt er in vollkommenes Schweigen.

Die surrealistische Erfahrung der Straße, wie Breton und Aragon sie feiern, setzt vertraute und ständig gepflegte Beziehungen voraus. Sie beherrscht die Stadt wie im Schlaf. Sie spielt mit ihr und versucht ihr durch List, Ablenkung oder Übergriff etwas Neues oder Seltsames (plötzliche Annährungen, unerwartete Begegnungen, merkwürdige Koinzidenzen) abzuringen. Im Gegensatz zu dieser subtilen Taktik der Zweckentfremdung von Gegenständen und der Drift *intra muros* verneint das automobile Nomadentum aus tiefster Seele die Möglichkeit eines Abkommens mit den urbanen Gegebenheiten, selbst eines ironischen oder distanzierten. Das Gefühl der Desorientierung wird von dem Nomaden so intensiv erlebt, dass es ihn zu völliger Ernsthaftigkeit zwingt, will er nicht verschwinden. Weder die blinkenden Schilder noch die diversen Attraktionen des Großstadtlebens oder irgendeine der vielfältigen Zerstreuungen, die die amerikanischen Straßen pflastern, können ihn ernstlich interessieren. Es ist schon viel, wenn er an ihnen teilnimmt. Wie hinter einem Schleier, bewirkt durch die Kraft der Windschutzscheibe, alles durchsichtig werden zu lassen und zugleich außer Reichweite zu rücken, erscheint ihm alles fern und fremd. Während die Stadt den Flaneur anregt wie ein Aufputschmittel, betäubt sie den Nomaden wie ein Narkotikum.

Wie man in *Motel Chronicles* von Sam Shepard sehen kann, geht der flüchtige Anblick einer zerdrückten Coladose oder einer zerfledderten Plastiktüte in einem dreckigen Straßengraben den umherirrenden Menschen viel direkter an als die urbane Jagd nach dem Geheimnis und dem Unvorhergesehenen. Sein Geisteszustand ist für ein Versteckspiel mit dem Zufall derart ungeeignet, dass in seinen Augen nur die plumpen Offensichtlichkeiten des täglichen Lebens irgendeine Bedeutung haben. Dazu muss man sagen, dass er sich selbst bereits als willkürlichen

Unsinn wahrnimmt. Auch empfindet er jede noch so kleine Verbindung mit irgendetwas, was ihm bekannt vorkommt, und sei es auch etwas Vulgäres oder Schäbiges, als eine Erleichterung. Der ewig Umherirrende ist in gewisser Weise der passive Zeuge dessen, was ihn nicht betrifft. Unter diesen Bedingungen ist keine urbane Psychogeographie möglich, denn in Wirklichkeit sind sowohl Geographie als auch Psyche aus dieser raum- und seelenlosen Stadt vollständig verschwunden – der Gegenbeweis zu Descartes' Diktum, dass der Geist eine Funktion der Ausdehnung sei.

Auf seinen mechanischen Ausflügen entlang der Straßen, die sich den Stadtautobahnen anschließen und wo sich Motels, Tankstellen, Outlets, Autohändler, Lagerhallen und Raststätten endlos aneinanderreihen, fühlt sich der Nomade durchaus nicht zum Forscher berufen. Verfolgungen und Jagden, Reisen und Beschattungen sind wirklich nicht sein liebster Zeitvertreib. Eigentlich begehrt er absolut nichts und niemanden; er fühlt sich nicht als Träger irgendeiner Botschaft oder Aufgabe, er versucht lediglich, mit dem bisschen Realität in Kontakt zu treten, das er gleich hinter seiner Windschutzscheibe erhofft oder erahnt. Mehr schlecht als recht versucht er, seinen Weg wiederzufinden, wenn es denn überhaupt einen gibt. Wie Ödipus auf Kolonos, der »zugleich Herr über alle Wege ist und doch keinen einzigen besitzt«. Überdies hat der Umherirrende weniger mit der Straße zu tun, auf der sich die Massen scharen, sondern mit den Autobahnen, wo sich die Gesamtheit der Individuen zerstreut. In diesem urbanen Raum, der keine Erinnerungen mehr in ihm wachruft, geht er nur einer einzigen Beschäftigung nach: der Durchreise.

Daher kommt es, dass die Reise für den Gast amerikanischer Motels keine besondere Anziehungskraft besitzt, höchstens noch diejenige der *convenience*; ein unübersetzbares Wort, das zugleich die bequeme Nutzung und die aus ihr resultierende freudlose Befriedigung bedeutet. Trotz all der Möglichkeiten, die sie eröffnen könnte, ist sie nicht mehr als eine einfache Fortbewegung von einem *Hier* zu einem *Da*, die sich so schnell wie möglich vollziehen muss. Weil die zurückzulegenden Distanzen sehr groß sind und die Geschwindigkeit für alle beschränkt und gleich ist, muss sich der amerikanische Autofahrer die Fahrzeit durch eine intelligente Gestaltung der verschiedenen Reiseabschnitte verkürzen. Die an Tankstellen und in Motels verbrachte Zeit muss so kurz wie möglich ausfallen, der Aufenthalt auf *seinen einfachsten Ausdruck* beschränkt werden. Schließlich ist es die unermessliche Weite Amerikas, die die Straßenrandarchitektur dazu veranlasst hat, bei ihrer Errichtung nur ein einziges Element in Betracht zu ziehen: die Kürze des Aufenthalts. Der Großteil der Gäste trifft meist gegen neun Uhr abends ein und bricht frühmorgens wieder auf, beim Anbruch eines neuen auf den Straßen zu verbringenden Tages. Da der ganze Sinn der Reise ausschließlich in ihrem Ende liegt, haben die sie einteilenden Zwischenetappen nur wenig Interesse für den, der sie durchläuft. Abgesehen von der vitalen Notwendigkeit der Proviantversorgung bleiben die obligatorischen Stationen im Allgemeinen einfache Etappen, die, einmal erreicht, sofort wieder vergessen werden. Als Transitzone ist das Motel selbst arm an Intentionen und Interessen. Kein Reisender strebt es um seiner selbst willen an oder macht es zum eigentlichen Ziel seiner Reise.

Diesen Fortbewegungsdrang, der jeden Amerikaner packt, sollte man nicht allzu eilig als bloßes Überbleibsel des berüchtigten *frontier spirit*, des Pioniergeists ansehen, selbst wenn dieser einiges zu der universellen Mobilität beigetragen hat. Die Lust an der unausgesetzten Reiserei ist komplexer. In gewisser Weise fühlt sich der amerikanische Städter nirgendwo zu Hause. Da er keinem bestimmten Raum, sondern sozusagen dem Raum im Allgemeinen angehört, lebt er so, als sei er aus einer ursprünglichen Intimität verstoßen worden, der er auf seinen Reisen nachjagt, während er doch im Grunde ganz genau weiß, dass er sie niemals wird erreichen können und dass, selbst wenn ihm dies gelänge, er sich doch nicht damit zufriedengäbe. Der Nomade ist einer, der selbst dann nicht anwesend ist, wenn er sich ausruht. In dieser Hinsicht ist er weder Pilger noch Verbannter. Er reist weder aus Überzeugung noch aus Unterwerfung, sondern aus einem tief verwurzelten Gefühl der Langeweile. Nicht die Neugierde, die einfach nur *sehen will*, beherrscht seine andauernde Fortbewegung, sondern allein der Wille, der Straße zu folgen, da es nun einmal Straßen gibt. Als ein Adept des *Cruising*, der automobilen Kreuzfahrt ohne Ziel, gehorcht er dem Gesetz eines unendlichen Ablaufs, das als Grundregel verfügt, dass alles, was getan werden kann, auch getan werden muss, dass alles, was abgelaufen werden kann, auch abgelaufen werden muss. Die gewöhnliche Lebensform des urbanen Nomaden verbindet ein bestimmtes Verständnis von Verzicht mit dem Fehlen jeden Schuldgefühls wegen dieses Verlusts.

Die Langeweile, die das moderne Leben ausstrahlt, hat weder mit Senecas *taedium vitae* noch mit Burtons *melancholia* zu tun. Sie ist kein Ausdruck der Unfähigkeit, das zu leben, was ansteht und zu sein hat, sondern äußert sich in einer reue- und erwartungslosen Hinnahme der bloßen Gegenwart. Die Langeweile stellt somit die Extremform der demystifizierten Hinnahme der Wirklichkeit dar. Projektion und Retrospektion, beides *ekstatische* Weisen lebendiger Zeitlichkeit, gefrieren hier zu einem Augenblick der Gegenwart, der so zu einem endlosen zeitlichen Element gerinnt. Um das gegenwärtige Verhalten der Stadtmenschen zu verstehen, muss man diese urbane Erfahrung der Langeweile von jeder melancholischen oder nostalgischen Bedeutung loslösen, von jedem romantischen *spleen*, der daraus entsteht, dass die menschliche Existenz dem Ideal einer allumfassenden poetischen Erfahrung nicht entspricht.

Entledigt von jeder Zukunftserwartung oder schmerzenden Erinnerung, wird die Langeweile als volle Gegenwart der Wirklichkeit erlebt. Gleichgültig gegenüber jedem Unbehagen kennt der sich langweilende Mensch weder Reue noch Hoffnung, ja eigentlich erwartet er sich gar kein Ereignis mehr, denn Warten hieße bereits, dass es noch etwas zu hoffen oder zu fürchten gibt, sondern er verlebt die Zeit neutral und apathisch in ihrem reinen Verlauf. Dabei erfährt er eine totale Präsenz in der Welt, wenn nur seine Grundbedürfnisse befriedigt sind. Was bleibt ihm ohne Hunger und Durst anderes zu tun als ziellos umherzuirren? Sobald der Stachel der Notwendigkeit nicht mehr zu spüren ist, zeigt sich die Welt in ihrer ganzen Gleichgültigkeit. Entfallen Schmerz oder Ekel, konzentriert sich die Langweile des einsamen Vagabunden in dem Gefühl, mit der Existenz in ihrer ursprünglichen Neutralität – erleichtert um das Gewicht des Wertes, frei von jedem Begehren – in Einklang zu stehen. Ein reines Erleben, das weder nach Rechtfertigung sucht noch ein abschätziges Urteil kennt, das tagaus tagein Stunden und Orte gemäß dem Gesetz gleichförmiger Ausbreitung füllt. Ein Erleben ohne Dichte und ohne Dauer, das in den unwiderlegbaren Tatsachen des Alltags eine *Anamorphose vollzieht* und sich leicht dem Spiel von Identität und Plattitüde überlässt. In der Banalität der amerikanischen Vorstadt erfüllt sich das Ideal einer Übereinstimmung zwischen den Wünschen und der Realität, wobei die Wünsche hinter der Realität zurücktreten. Das letzte Abenteuer des urbanen Nomaden besteht darin, diese rohe und absurde Präsenz des Wirklichen offenzulegen.

In seiner Kargheit weist das Motelzimmer keinerlei Spuren der Vergangenheit auf, beschwört kein phantasmatisches Bild herauf, das diesem Ort, so unbedeutend er sein mag, eine affektive und kollektive Resonanz verliehe. Alles ist hier allein auf die Befriedigung eines grundlegenden Schlafbedürfnisses ausgerichtet, dem keine Erinnerungen, kein Begehren widerstehen. Glaubt man den Aussagen seiner temporären Subjekte, befördert das Motel die Erfahrung der Amnesie. In gewisser Hinsicht lehrt es nichts, unterweist es niemanden. Gern würde man aus diesem Gebäude irgendeine Bedeutung ableiten, die es ermöglichen würde, tiefer in die Dichte des Lebens und seiner Geheimnisse einzudringen. Aber das ist verlorene Liebesmüh. Wenn das Motel überhaupt einen gewissen *genius loci* haben sollte, dann gewiss jenes Genie, das im Fehlen jedweder Genialität besteht. Die Aura des endgültigen Verlusts jeder Aura. Nicht die langsam verblassende Aura, die in ihrem eigenen Verschwinden noch schwach pulsiert, sondern der unabänderliche Mangel des im *Hier* und *Jetzt* liegenden Zaubers. Die Befremdlichkeit des Alltags widersetzt sich nicht direkt dem Alltag. Sie zeigt sich nicht in außergewöhnlichen

Ereignissen oder irrationalen Begebenheiten, durch die die vertraute Fassade der Dinge und Lebewesen rissig würde und dabei geheimnisvolle Erscheinungen durchschimmern ließe, sondern sie nistet in einer besonderen Form von Fremdheit: die Fremdheit dessen, was gerade nicht fremd ist.

Es wäre ebenso trügerisch, zu glauben, dass die Irrfahrt des Nomaden, der in *Roadside Motels* absteigt, meist dem Willen entspräche, einer schmerzlichen Vergangenheit zu entfliehen oder den Sinn des Lebens zu suchen. Ganz grundsätzlich bilden allein die unendlich vielen Möglichkeiten für eine Ortsveränderung, die sich jederzeit auf einer Straßenkarte bieten, Plan und Antrieb der Irrfahrt, die selten als solche explizit gemacht werden. Für den antriebslosen Reisenden geht es darum, unbemerkt alle Möglichkeiten der Ortsveränderung auszuschöpfen, die im Labyrinth des Straßennetzes dargestellt werden; ein unendlicher Versuch, der keine totalisierende Aufzählung ist, sondern vielmehr ein Pakt, der die vollständige Erschöpfung des menschlichen Universums vorsieht. Ob in Form von Benzin oder Dollar, der mechanisierte Nomade lebt allein für die Fähigkeit zur optimalen Verausgabung des Möglichen. Er ist wie Nashe, der unglückliche Held von Paul Austers *Musik des Zufalls*, der monatelang ziel- und sinnlos durch die Vereinigten Staaten fährt, bis seine finanziellen und moralischen Mittel erschöpft sind:

»Geschwindigkeit war das Wesentliche; das Vergnügen, im Auto zu sitzen und immer vorwärts durch den Raum zu jagen. Das wurde ihm wichtiger als alles andere, wurde zu einem Hunger, der um jeden Preis gestillt werden musste. Nichts währte länger als einen Augenblick, und da ein Augenblick auf einen anderen

folgte, schien er selbst das einzige, was weiterexistierte. Er war ein Fixpunkt in einem Wirbel von Veränderungen, ein Körper, der vollkommen stillstand, während die Welt durch ihn hindurchstürzte und verschwand. Das Auto wurde zu einem Heiligtum der Unverletzlichkeit, zu einer Zuflucht, in der nichts mehr ihm etwas anhaben konnte. Solange er fuhr, war er unbelastet, wurde von keinem noch so kleinen Teil seines früheren Lebens behindert.«

Als eine Art Buttadeus, der nicht länger als zwei Tage ruhig sitzen kann, will Nashe sein Leben beenden, aber nicht, indem er es auslöscht, sondern indem er es vollendet, das heißt indem er es an sein Ende bringt. Hierfür nimmt er eine allgemeine Lebensregel ganz buchstäblich: immer auf dem kürzesten Weg von A nach B zu kommen, und dann immer so weiter. In dieser fast schlafwandlerischen Perspektive wirkt die Straße wie ein unendlicher Abfluss, der überschüssige Rastlosigkeit und Energie abführt. Nashe will bis zur physischen und mentalen Erschöpfung immer weiter fahren, bis zum Erlöschen seiner Kräfte und der Straßenbeleuchtung, das Auge ewig auf die Straße gerichtet, reglos wie ein Hase, den der Lichtkegel der Scheinwerfer hypnotisiert. Da ihm jeder Halt den Tod bedeutet, wünscht er sich mehr als alles andere, unablässig immer weiterfahren zu können, den Faden seines Lebens abzuspulen, den die gelbe Linie auf dem Asphalt symbolisiert. Um jede Vorstellung von Reise und Fortbewegung abzuschaffen, versucht er zu einem *point of no return* zu gelangen, an dem es ihm möglich ist, jedes Gefühl von Mobilität aufzugeben.

Dieses Gefühl, sein Leben selbst in der Hand zu haben, das Nashe tagein tagaus am Steuer seines Autos empfindet, während er sich von zufälligen Routen leiten lässt, verwirklicht sich im Verlauf des Romans in einer Allegorie, wenn er einem Poker-Spieler begegnet und die Einladung zu einer fatalen Partie annimmt. In dem absurden Versuch, die Partie um jeden Preis fortzuführen, ähnelt der Straßennomade tatsächlich einem Spieler: Er verfolgt eine völlig unwichtige Tätigkeit, allein *um sehen* zu können. Nur handelt es sich in seinem Fall nicht um Neugier. Sein Begehren speist sich einfach nur aus der Lust, alle automatischen Möglichkeiten des Sichtbaren vor sich ausgebreitet zu sehen. Fahrer und Spieler halten ihr Schicksal in den Händen. Fahren und spielen sind analoge Formen einer gewagten Wette, die sich nicht rational durch eine Analyse bestehender Chancen rechtfertigen lässt. In beiden Formen dieser *Flucht nach vorn* angesichts einer statischen und gegebenen Realität zeigt sich derselbe Wunsch, immer wieder neu anfangen zu können, noch einmal ganz von vorn zu beginnen oder sich einfach wieder auf den Weg zu machen. Sowohl auf einer Straßenkarte als auch mit Spielkarten sind Milliarden möglicher Kombinationen und wahrscheinlicher Verbindungsmöglichkeiten gegeben, aber keine von ihnen kann dem Spiel selbst ein Ende setzen.

Das Motel und alles, was es umgibt, diese ganze triste, triviale, zwielichtige Atmosphäre, aus der Orson Welles sein Filmmaterial für Im Zeichen des Bösen bezogen hat, sind zum Symbol für einen immer wiederkehrenden Wunsch des Stadtmenschen geworden: Wie kann man so vollständig in der Mobilität aufgehen, dass man sich selbst darin vergisst? Aus seiner gleichgültigen Haltung heraus kann der Nomade allen statisch gebliebenen Menschen vorwerfen, die letzte Wahrheit des Lebens nicht zu erkennen: die Instabilität. Für den, der für den ständigen Ruf der Irrfahrt ohne

Bedeutung und Erlösung unempfindlich ist, beschränkt sich das tägliche Leben auf die sinnleere Anhäufung von Besitztümern und Orten, die das ursprüngliche Fließen des Universums zu verschleiern versucht, in das sie sich gleichwohl einschreibt, indem sie stagniert. Die Betriebsamkeit solcher Leute rechtfertigt sich größtenteils durch das Bekenntnis zu einem auserwählten und gehätschelten Ort, der sie vor dem Eindringen der fortwährenden Bewegung schützen soll. Auf der archaischen und temporären Bühne des Motels aber triumphiert die grundlegende Prekarität der Alltäglichkeit: Sie zeigt allen Anhängern des Stillstands die Vergeblichkeit ihrer Bemühungen auf, irgendwo Halt zu finden. Gewohnheiten, Traditionen, Sitten und Gebräuche, Routinen, Moden und Folkloren, all die Legenden aus der Mottenkiste, die den nackten Körper der menschlichen Wandelbarkeit zu bedecken versuchen und ihn in dem Glauben wiegen, er müsse sich notwendig mit ihnen kleiden, das heißt unbeweglich werden, verschwinden hier, weil sie keinerlei Nutzen mehr haben.

7.

Die Kunst des Motels

»Ich kannte diese Etablissements. Sie ähnelten sich alle. Mitunter entdeckst du beim Leeren deiner Hosentaschen vor dem Gang zur Reinigung ein zerfleddertes Papierkügelchen, einen Kreditkartenbeleg. Verträumt faltest du ihn auseinander. Mit Verblüffung liest du: *Peek's Motel*, Wardensburg. Wo liegt Wardensburg? Du kannst dich nicht erinnern dort jemals einen Fuß hingesetzt zu haben. Das Papier erläutert außerdem: ›Zimmer, eine Nacht, 18 Dollar + Steuern…‹ Du kombinierst, dass du allein gewesen sein musst. Du kramst in deiner Erinnerung und nach und nach kristallisiert sich ein Bild heraus: Der Brandfleck einer Zigarette in der zu dünnen Tagesdecke… ein zerschlissener, wegen seines Alters pergamentartiger Duschvorhang… ein straßenköterfarbener Teppich… eine Eismaschine und ein Coca-Cola-Automat in der offenen Eingangshalle… ein Zimmer, verpestet von Einsamkeit und mangelnder Sauberkeit. Du konntest nicht richtig schlafen; lagst pausenlos schwankend zwischen kurzen, heftigen Träumen und traurigem Erwachen. Ja, das war schön, das *Peek's Motel*.«

John Raban, Hunting Mr Heartbreak

APPELLIERENDER SINN. Es ist ganz gewiss kein Ort, wenn überhaupt ein Gebäude. Doch trotz seiner beispiellosen Banalität fühlt sich jeder Besucher eines Motels dazu aufgerufen, ihm einen Sinn zuzuschreiben. Ein Gemüt, das sich ein Motelzimmer anzueignen versucht, kann diese brutale Nacktheit nicht ohne Weiteres zu einem bewohnbaren Raum machen. Das Bewusstsein verklärt das Banale und Unbedeutende, das Gewöhnliche und Gemeine. Es macht daraus Werke, Mythen, Legenden. Selbst Lagerhallen finden ihre Bewunderer. Darum erleben die Gäste, so gleichgültig ihnen ihre Umgebung sonst auch sein mag, ihre Anwesenheit in einem Motel nie als eine völlig bedeutungslose Erfahrung. Kaum jemand erkennt es als das, was es ganz objektiv ist: ein Bau ohne Eigenschaften. Unentwegt, mit einem stummen und unbewussten Eigensinn, der Bewunderung verlangt, projizieren sie auf den Raum die verschiedensten Phantasien, erfinden ausgehend von dem Fundus ihrer inneren Mediathek Bruchstücke von Erzählungen, Skizzen ästhetischer Empfindungen, Landschaftsentwürfe, kurz gesagt alles, was sie vor dem unerträglichen Anblick der absoluten Mittelmäßigkeit schützt, dem sie in diesem Augenblick ausgesetzt sind. *Auf symbolische Weise* gestalten sie das Zimmer auf ihre Art aus, stellen sich vielleicht sogar vor, bei sich zu Hause zu sein, leben diesen Moment gemäß der Gewohnheiten, die sie sich etwa durch die Lektüre von Krimis angeeignet haben, in denen Motels typischerweise zum Schauplatz außergewöhnlicher Begegnungen und Abenteuer stilisiert werden. Auf diese Weise gestalten sie einen Raum, der eigentlich alles Menschliche ausmerzen sollte, nach eigenem Belieben um und verleihen so dem einen Sinn, was aus der Sicht der Erfinder dieser Anlagen eigentlich keinen oder doch nur wenig Sinn hat.

Mit Erstaunen stellt man fest, wie gerade solche Anlagen, die ihrer vitalen und bedeutungstragenden Möglichkeiten scheinbar am gründlichsten beraubt sind, in ihren Bewohnern wie nebenher die Sehnsucht wecken, ihnen eine Tiefe und Vielfalt zuzusprechen, die ihnen ursprünglich gar nicht gegeben war. Vielleicht ist es der Tatsache geschuldet, dass alles mit allem unauflösbar zusammenhängt, dass es nunmehr beinahe unmöglich ist, ein einzelnes Objekt unabhängig von allen anderen wahrzunehmen, selbst im Falle des Motels, das doch eigentlich nur in seiner formalen Autonomie fortzubestehen scheint. Man kann sich sogar fragen, ob Gebäude, denen ein starker Symbolwert völlig abgeht, wie Motels, Tankstellen oder große Supermärkte, nicht sogar eine größere Freiheit an Wertschätzung und Interpretation durch ihre Nutzer zulassen als Orte, die eine offenkundige Bedeutung besitzen und sie öffentlich zur Schau stellen, wie etwa Gerichtshöfe, Kirchen oder Stadien. Anders gesagt: Auf ihnen lasten nicht bleiern Geschichte und Tradition. Frei von jedem expliziten Sinn ermöglichen sie so das Aufkommen ganz neuer Bedeutungen, die noch nicht im Kodierungsnetz der Gesten und Worte verstrickt sind. In seinem Motelzimmer, im Gang eines

Einkaufszentrums oder vor einer Tankstelle fühlt sich der Kunde sehr viel freier, einen Ort auf triviale oder zweckentfremdende Weise zu nutzen, was mit Gebäuden von großer gesellschaftlicher Bedeutung völlig undenkbar wäre, ohne unmittelbar zur Ordnung gerufen zu werden.

Anstatt geheiligten Alltagspraktiken ein Ende zu setzen, stachelt das Motel vielleicht gerade durch seine Blöße zu einer leidenschaftlichen Wiederaneignung an. Gerade an Orten, die keinen höheren Sinn und keine starke Sozialfunktion haben, überdauern bestimmte Mikropraktiken, die, obwohl sie sich der säkularisierten Welt der modernen Rationalität anpassen, die mit der Produktion von Apparaten, Werkzeugen und rein funktionalen Bauten ihren Höhepunkt erreicht, einen gewissen mystischen Anspruch aufrechterhalten, und sei es unter der anrüchigen Maske außerehelicher Treffs und des Verstoßes gegen die guten Sitten. Die Säkularisierung der Moderne bedeutet nicht, dass sich das Heilige im permanenten Rückzug vor dem unausweichlichen Herannahen technischer *commodification* befindet, sondern im Gegenteil das Aufkommen einer neuen Form von Religion, in der sich Warenfunktionalität und Lust am Mysterium, Massenkonsum und Ritualopfer bunt miteinander vermischen. Das Motel ist somit zugleich der beste Repräsentant eines modernen Komforts, für den das Rationellste das Praktischste ist, und Stätte eines unreinen Fortdauerns des Mystizismus; eines Mystizismus, der sich nicht mehr an die Transzendenz des Unendlichen rückbinden lässt, sondern sich in der banalsten Alltäglichkeit versteckt und sich mangels eines in der Höhe thronenden Gottes damit begnügt, den Götzen des gewöhnlichen Lebens zu huldigen: Neonschildern, Biermarken,

Cocktail-Rezepten, Nummerschildern amerikanischer Bundesstaaten etc.

Kein anderer Allerweltsort ist für den amerikanischen Künstler des 20. Jahrhunderts aufgeladener an sozialen und mythischen Anspielungen als das Motel. Als historisches Bindeglied zwischen dem Zug der Pioniere in das Gelobte Land im Westen und der Irrfahrt derer, die nicht mehr an die Grenze und ihren Geist glauben, sondern sich verzweifelt im Kreise drehen, in dem immer selben Kreis, gefangen in einer *ewigen Wiederkehr des Gleichen*, in der Wiedererkennung keine Rolle mehr spielt, die weder sie selbst noch etwas anderes zu sein scheint, verkörpert das Motel die zweifache Versuchung von Abenteuer und Verzicht, von Freiheitsdurst und sozialem Niedergang in der Passivität. Als Ort, an dem entweder ein Leben auf neuer Grundlage beginnen kann oder aber jede Flucht und Heilserfahrung endgültig scheitert, hat es das Imaginäre der Kunstschaffenden insbesondere durch seine Ambivalenz geprägt.

DER ZERRISSENE VORHANG. Ins kollektive Bewusstsein, das wacklige Fundament einer noch kaum umrissenen Vorstellung unserer gegenwärtigen Welt, trat das Motel erstmals, als Alfred Hitchcocks PSYCHO in die Kinos kam. Seitdem ist unser Blick auf diesen kargen Bau, das Stiefkind architektonischer Abhandlungen, nicht mehr der gleiche. Durchtränkt von Kinobildern, die sich im Gedächtnis festgesetzt haben, hat sich unsere Sicht der Dinge unwiederbringlich in eine angstvolle Faszination für die an sich völlig unspektakulären, farb- und geruchlosen Zimmerfluchten verwandelt, in denen Reisende auf der Durchfahrt für eine Nacht, die endlos scheint und die sie dennoch sofort wieder vergessen werden, absteigen. Spätestens seitdem weiß man, sofern man überhaupt davon überzeugt werden musste, dass die Gefahr von der Straße und ihren Rändern kommt.

Dass die entscheidende Mordszene wirklich in einem angemieteten Zimmer spielt, noch dazu genau in der Mitte des Films, so dass sie wie eine Zäsur in der Erzählzeit wirkt, die den glücklichen Ausgang der Geschichte verhindert, verdankt sich Alfred Hitchcocks genialer Eingebung, die Urphantasie häuslichen Schreckens, die mit dem auf dem Hügel thronenden Spukhaus verbunden ist (das Haus von Bates mit all seinen Familienlegenden und Gespenstern (Bates' Mutter)), unvermittelt auf das friedliche und harmlose Motel am Straßenrand zu übertragen. Durch diesen Coup gelingt ihm eine echte phantasmatische Übertragung, die ganz buchstäblich von dem physischen Abhang illustriert wird, der vom Haupthaus zur *Motor Lodge* führt. Eigentlich deutete alles darauf hin, dass hier jedes Geheimnis fernbleiben müsste, abseits, gerade in dem Abstand, den es zu überwinden gälte, wollte man die Anhöhe erklimmen und in das abweisende Wohnhaus eintreten, taucht es urplötzlich mitten in der vertrauten Ruhe des Alltags auf: unter der Dusche. All unsere archetypischen Wunschphantasien, die in Märchen und Schauerromanen Ausdruck finden, in dem Haus und mit seinen Schattenecken, seinen im Dunkel liegenden Zimmern und seinen labyrinthartigen Dachböden wurden so durch eine einzige magische Szene hinweggefegt oder vielmehr in ein Gefühl überführt, in dem sich Faszination und Abstoßung angesichts eines sinnentleerten Gebäudes, das wir niemals bewohnen werden, mischen. Gastfreundschaft ist in Feindseligkeit umgeschlagen.

Letztlich ist das Hitchcocks eigentliche Lehre: Dieser simple, völlig uninteressante Würfel eines Motelzimmers weckt durch seine eigene architektonische Verkümmerung stärkere Ängste als alle denkbaren Kombinationen aus Türmen, Winkeln oder Kerkern zusammen, wie sie Piranesi mit seinen finsteren und labyrinthischen Palästen entwarf. Mit PSYCHO wird das Belanglose zum eigentlich Rätselhaften.

DIE STRASSE ALS LÜGENDETEKTOR. Haben die amerikanischen Highways ihren Vorreiter in Jack Kerouac (oder in seinem Alter Ego Neal Cassidy) gefunden, so besitzt auch das Motel seinen eigenen desillusionierten Chronisten: Sam Shepard. In *Motel Chronicles* oder in *Cruising Paradise*, scheinbar belanglosen Kurzgeschichten ohne Moral, die direkt dem Schweigen des Great American Desert entsprungen scheinen oder der Gleichgültigkeit eines flüchtigen Blicks durch die Heckscheibe eines Plymouth 1965, erzählt Shepard schnörkellos von einsamen Fluchten, die quer durch das ganze Land führen; Erzählungen, die immer wieder von einer rohen Poesie unterbrochen werden, die undurchlässige Wände und in Plastiktütchen eingeschweißte Hotelseifen besingt. Besonders eine Passage ist von jener nackten Ästhetik durchdrungen, zu der häufige Besuche in Motelzimmern inspirieren. Sie trägt das Datum des 17. Februar 1980 in Santa Rosa, Kalifornien. Sie schildert einen Mann, der reglos neben seinem »ramponierten Koffer« steht und »zu überschauen versucht, was von seinen Habseligkeiten noch übrig ist«, ein Mann am Straßenrand, wahrscheinlich der Überlebende eines Unfalls, bei dem sein Auto in den Straßengraben geschleudert wurde, und der sich aus einer plötzlichen Anwandlung heraus oder in der Folge einer reiflich unüberlegten Entscheidung, die gerade darum älter ist als alles Denken, von seinen letzten Habseligkeiten befreit, von seinen Kleidern und seinen Erinnerungen, seinen Verpflichtungen, und »alles auf den Trümmerhaufen wirft. Sich nackt im brennenden Sand niederkauert. Alles in Flammen aufgehen lässt. Sich dann aufrichtet. Der US 608 den Rücken kehrt. In die offene Ebene eintaucht.«

Die Geldersparnis, die man bei der Wahl eines Motels macht, spiegelt sich in einer Sparsamkeit des Stils wieder, in jenen Bluetten, die von einer Stimme gesummt werden, die der Aphasie nahe, aber noch lebendig ist, wenngleich sie auch seit Langem aufgehört hat, sich verständlich machen zu wollen und zu kämpfen. Sie verzeichnet die Eigenschaften des Lebens ebenso wie die des Motels mit einigen wenigen Worten, Kürzeln und gebräuchlichen Abkürzungen. Aus der automobilen Bewegung entstehen kaum skizzierte Geschichten, flüchtige Bilder ziehen zusammenhanglos am inneren Auge vorbei. In diesem modernen Cowboy, der immerzu auf Achse ist, getrieben von einem natürlichen Bedürfnis, Raum zwischen sich und den anderen zu schaffen, radikal auf Distanz zu den ihn umgebenden Orten und Menschen zu gehen, lebt das nietzscheanische »Pathos der Distanz« wieder auf:

»Ich nahm eine kalte Dusche im Best Western Motel in Arcadia, genau gegenüber der Rennbahn. Vollkommen nackt lief ich im Zimmer herum, das Wasser tropfte an mir herunter auf den

orangefarbenen Fußbodenbelag, während ich mich fragte, ob ich den Fernseher einschalten sollte und durch die Gardinen hindurch auf die Autos spähte, die auf Parkplätzen mit den entsprechenden Zimmernummern abgestellt waren. Ich faltete meine Straßenkarte Rand McNally auf dem Bett auseinander und starrte auf den Staat Wyoming. Mit dem Finger verfolgte ich die Gebirgskette des Big Horn.
Am nächsten Morgen bin ich abgereist.«

Hier wird die Straße selbst Idee, Projekt, Bahnung. Ihr Verlauf führt allein zur Fahrt selbst, so wie die Bewegung eines Fingers, der nur über die Straßenkarte gleitet, um eine Höhenlinie nachzuverfolgen, einen Fahrweg, eine Eisenbahnlinie. Die Automobilität wird zum Lebensprinzip und verwirft jede andere Lebensweise als veraltet und überholt.

»Da also begann unsere große Reise durch Amerika. Sehr schnell habe ich das funktionale Motel neben den verschiedenen anderen Quartieren für Touristen schätzen gelernt – sauber, praktisch und sicher, eine ideale Unterkunft, um zu schlafen oder sich zu zanken, für Versöhnungen ebenso wie für unzulässige und unersättliche Liebschaften.«

VON DER KLASSIFIZIERUNG DER ARTEN. In *Lolita*, Vladimir Nabokovs großem Roman über die amerikanische Populärkultur der 1950er-Jahre (in dem Humbert Humbert die althergebrachte

Kultur des alten Europa verkörpert, die von der vulgären Popkultur-Jugend des Neuen Kontinents, für die Lolita steht, zunächst aufgeheitert und schließlich lächerlich gemacht wird), ist ein wichtiger Platz im Inventar des amerikanischen Alltagslebens dem Motel vorbehalten, ja es wird zum Inbild des schändlichen Auslebens des Verbotenen stilisiert. Auf der Flucht der Liebenden quer durch die Weite Amerikas ist das Motel tatsächlich ein Hafen des Friedens, wo das Leben im Untergrund und die Befriedigung des Verbotenen gefeiert werden. Als ein Ort, der dem Gesetzesbruch Unterschlupf bietet, ist es Blaubarts geheimes Zimmer, in dem das Schreckliche mit dem ganz Alltäglichen einhergeht, ohne dass jemand davon weiß. Denn das Skandalöse taucht gerade im Herzen einer Alltäglichkeit auf, die über jeden Verdacht erhaben ist. »Nichts ist anregender als die Banalität der Philister«, erinnert uns Nabokov, der den eisernen Willen erkannte, der in Amerika hinter der Herausbildung eines zugleich funktionalen und amoralischen Alltags stand. Die unwiderstehliche Anziehungskraft, die Humbert Humbert gegenüber Lolita empfindet, und die Motels, in die er sie schleppt, kann so als Faszination eines kultivierten Mannes für die beruhigende Mittelmäßigkeit des Alltags verstanden werden. Den Pseudo-Qualen seines Daseins als Campus-Existentialist begegnet er mit dem Allheilmittel des Alltagslebens. Es gibt also in *Lolita* ein anderes Verbrechen, ein politisches: die Verführung der Kultur durch die Konsumgesellschaft.

Mit dem scharfen Blick des Insektenforschers macht sich Nabokov etwa in der Mitte des Romans an eine vollständige Klassifizierung der verschiedenen am Straßenrand wuchernden Motels. Er ordnet sie nach Funktion und Art: Park Plaza Courts,

Sunset Motels, U-Beam, Cottages etc. Die Liste ist lang. Und doch geht aus dieser strengen Nomenklatur ganz klar hervor, dass das schönste Exemplar zugleich das allergewöhnlichste ist: das funktionale Motel.

TOTE KULTUR. John Register hat während seiner Laufbahn als realistischer Maler immer wieder auch Motels abgebildet. Von seinen ersten Gemälden an, die einerseits von Ralph Goings Fotorealismus, andererseits vom San Francisco Art Institute geprägt waren, wählte sich Register die urbane Landschaft zum Hauptthema. Unter all den anonymen Allerweltsorten der amerikanischen Stadt ist das Motel eines seiner Lieblingsmotive. Als »Edward Hopper der Westküste«, wie er von der Kunstkritik manchmal genannt wurde, versuchte er vor allem zu zeigen, wie die nüchterne und monotone Atmosphäre dieser Absteigen am Straßenrand ganz und gar wirkungslos wird, sobald ihnen der Durchgangsverkehr und die Besucher auf Durchreise nicht mehr jenen zusätzlichen Funken notwendiger Betriebsamkeit zuführen, der allein sie am Leben hält. Auf dem Gemälde *Olive Motel* (1978) überquert noch ein Gast den riesigen Innenhof, doch ist er kaum mehr zu erkennen. In Rückenansicht verschwindet er allmählich im Schatten des Gebäudes, das das Zentrum des Gemäldes einnimmt. Obwohl der Eingang zum Motel den Vordergrund beherrscht, lassen sich nur wenige geschlossene Fenster und ein blauer Wagen ausmachen, der sich in der Landschaft verliert. Auf dem mit *Reno* betitelten Gemälde (1988) ist diesmal deutlich eine Figur zu erkennen: eine junge Frau, die sich auf einem Liegestuhl am Rand eines Swimmingpools sonnt.

Gleichwohl wirkt sie winzig und milchig weiß im Vergleich zu dem riesigen farbigen Schild der *Town House Motor Lodge*, das sie überragt und lächerlich erscheinen lässt.

Seine letzte Darstellung eines Motels ist zugleich die unheimlichste. Im Oktober 1994 malt Register *Vacancy*. Zur selben Zeit teilt ihm sein Arzt mit, dass sein Hautkrebs Metastasen gebildet habe und auch seine beiden Lungenflügel betroffen seien. Er gibt ihm nur noch wenige Monate zu leben. Register arbeitet auch hier, wie er es häufiger tat, ausgehend von einer Fotografie, die er während einer seiner Reisen aufgenommen hat. Er lässt sich vom *Big Pillow Motel* in Wells, Nevada, inspirieren.[19] Unter einem dunklen, gewitterdrohenden Himmel ist das Blau der Swimmingpoolverkleidung in Grau umgeschlagen. Einige herbstlich gefärbte Blätter bedecken den Boden des Beckens, aus dem man das Wasser abgelassen hat. Die Zimmerflucht ähnelt wiederum einem undeutlichen Streifen. Auch hier kein einziger Gast. Das Motel ist offensichtlich verlassen. Aber das Wichtigste wurde noch nicht gesagt: Den Vordergrund beherrscht, das gesamte rechte Drittel des Gemäldes bedeckend, ein Wandtelefon. Es ist schematisch dargestellt, nicht in dem hyperrealistischen Stil des frühen Register, sondern eher in einer Art Infra-Realismus, in dem alles, was konkret gesehen wird, zu einem beinahe abstrakten Ausdruck vereinfacht wird. Nur einige allgemeine Merkmale lassen es tatsächlich als ein *pay phone* erkennbar werden: der Münzkasten, der vertikal angebrachte Hörer, das herabhängende Kabel und der Schlitz, durch den man die Geldstücke einwirft. Der Rest löst sich in der dunklen Oberfläche seines Eisengehäuses auf. Dennoch fehlt ein entscheidendes Detail: die Zahlentasten. »Es ist ein besonderes Telefon«, kommentiert Register sein Bild. »Es schluckt die Münzen nur, gibt aber kein Wechselgeld; es hat keine Tasten, so dass Sie niemanden damit anrufen können. Sie können nur Anrufe entgegennehmen, dafür müssen Sie aber eine gewisse Zeit warten, bis Sie eben angerufen werden.«

Registers Gemälde, die sehr häufig von jeder menschlichen Präsenz entvölkert sind, sind dennoch keine Stillleben (*nature morte*). Sie gehören vielmehr zu etwas, das man *tote Kultur* (*culture morte*) taufen könnte: unbewohnte Hotels, unbelebte Cafés, geschlossene Restaurants, verlassene Straßen, einsame Eingangshallen und Telefonkabinen, unbesetzte Zugabteile, entvölkerte Busstationen, immerleere Sitzbänke, Hocker und Stühle, ewig karge Büros, Böden und Wände. Registers malerisches Werk erstellt ein sorgfältiges Inventar der amerikanischen Stadtzivilisation in genau jenen Momenten, in denen alle Aktivität zeitweilig aussetzt.

Stil und Motivik erinnern an das Werk Hoppers. Beide entwickeln eine Metaphysik trister Orte. Sie passen die verwaisten und unbewohnten Landschaften de Chiricos an die amerikanische Vorstadt an. Dennoch besteht zwischen ihnen ein bemerkenswerter Unterschied. Register selbst weist in einem Interview darauf hin, dass »in Hoppers Gemälden der Betrachter einsame und resignierte Gestalten betrachtet, während er in meinen Gemälden selbst diese einsame und resignierte Gestalt ist.« Gleichwohl wäre es zu einfach, zu behaupten, dass Registers Gemälde nur die verschiedenen Szenerien abgeben, in denen Hoppers Figuren agieren. Die Wahl der Orte ist nicht genau die gleiche. Während Hopper sehr oft Häusern und Wohnungen, Wohn- und Schlafzimmern (privaten Räumen) den Vorzug gibt, beschäftigt sich

Register im Wesentlichen mit öffentlichen Räumen und *commonplaces* der Stadt. Zwar spielen beide mit innen und außen, doch verarbeitet Register nur selten das Thema der Intimität, und sei es auch eine Intimität, die wie bei Hopper nichts Persönliches mehr hat. Eigentlich malt Register das, was Hoppers Figuren sehen könnten, würden sie ihre Wohnungen verlassen und sich auf die Straßen und Autobahnen wagen.

8.

Die neutralisierte Feerie

»Der Handelsreisende ist ein Pionier in Gamaschen.«

Sinclair Lewis, Free Air (1919)

Durch seine Armut an dekorativen Elementen ersetzt das Motel die phantasmagorische Anziehungskraft der Waren durch eine Beziehung, der jede Form von Verzauberung abgeht: das Funktionale. Sieht man einmal von dem Schild ab, das eine augenfällige Ausnahme bildet, dann sind der Ausstattungsaufwand und die Überfülle an Serviceangeboten, die im Hotel zusammentreffen, im Motel tatsächlich vollkommen verschwunden. Sie haben dort keinen Platz. Allein das soll gezeigt werden, was auf keine einfachere Form mehr reduziert werden kann. Die Ware mit ihrem ganzen Drum und Dran an affektiven Schwingungen und magischem Funkeln, welches noch der gewohnten Logik einer Anhäufung von Effekten gehorcht, ist nach und nach verschwunden, um einem sorgfältig kalibrierten Produkt Platz zu machen. Ohne ihre ästhetische und also ökonomische Rechtfertigung hat die Ware ihren Fetischcharakter eingebüßt, diesen unsichtbaren und geheimnisvollen Strahlenkranz, der stets mehr verspricht, als die Ware letztlich hergibt. Sie ist fortan weder Widerschein noch Phantasma, sie ist nicht länger die geträumte Verdichtung von imaginären Erfahrungen, von Verführungs- und Verdunklungsstrategien, sondern sie versteht sich nur noch als gängiger

Konsumgegenstand, als reine technische Konkretion der Bedürfnisbefriedigung. Die »metaphysischen Spitzfindigkeiten und theologischen Mucken«, von denen Marx im *Kapital* noch in Hinblick auf das Arbeitsprodukt spricht, wurden hier allmählich durch die schon fast beängstigende Trivialität des funktionalen Imperativs ersetzt. Die Phantasmagorie der Ware ist das Ergebnis der spontanen Objektivierung, durch den sich ein individuelles Leben in der industriell verarbeiteten Sache veräußert, die auf diese Weise zu etwas Mysteriösem und Entfremdendem wird; sie weicht also dem einfachen Gegenstand, der schlicht ein Bedürfnis befriedigt, ohne dabei so zu tun, als sei er eine allegorische Belohnung.

Die Aura ist somit als Kaufanreiz hinfällig geworden; seit etwa hundert Jahren haben Gewohnheit und Wiederholung die Verlockung des Besitzes abgelöst. Selbst der Umsturz im Verhältnis von Produzent und Arbeitsprodukt ist ausgelöscht. Die Gewohnheit hat es allmählich ermöglicht, die Feerie der Verdopplung durch exaktes Abwägen zu ersetzen. Die Ware versucht sich nicht mehr hinter ihrer Eigenschaft als entfremdetem Arbeitsprodukt zu verstecken, sondern zeigt sich, wie sie ist, und bietet sich unverblümt zum Konsum an. Sie ist nicht mehr der spiegelbildliche Reflex gesellschaftlicher Grundverhältnisse wie noch im klassischen Zeitalter des Produktionskapitalismus, als die Ausbeutung, die ihrer Sache noch nicht ganz sicher war, sich die radikale Veränderung im Verhältnis von Personen und Gegenständen zunutze machte, sondern sie ist vielmehr ihr unverstellter und unveränderter Ausdruck. Was daraus folgt, ist offenkundig: Ein Produkt kann nunmehr, was seine Form und Beschaffenheit angeht, auf jedwede bezaubernde, künstliche und nur unnütz kostspielige Dimension verzichten und sich schlicht und ergreifend allein auf seinen Gebrauch beschränken. Indem es sich entblößt, befreit es sich von seiner Eigenschaft als *Geschenkverpackung*, die es eigentlich nur darauf abgesehen hatte, den Passanten in die Einkaufsfalle zu locken, indem es das Produkt sozialer Arbeit in einem beinahe magischen Objekt verschwinden ließ. Mit einer gewissen Arglosigkeit, die durch die vollständige Entsprechung von Menschen und Dingen nur noch natürlicher wurde, versteht es sich fortan als ein Artefakt, das Vergnügen bereiten, einen Dienst erweisen oder ein Besitztum verschaffen soll.

Gewiss bleibt dennoch jedes Industrieprodukt der fast fotografische Abdruck der sozialen oder ökonomischen Struktur, aus der es hervorgegangen ist. Diese Wirkung kann zwar in gewisser Weise für den Produzenten ebenso wie für den Nutzer opak bleiben, doch braucht sie sich nicht länger hinter dem Deckmantel der rätselhaften Verkehrung zu verbergen, durch die das Vitale und das Mechanische ineinander übergehen. Im Falle standardisierter Produkte und Serviceleistungen, wie etwa dem Franchise-Motel, drückt sich der soziale und ökonomische Wert in Wirklichkeit unumwunden in einer automatisierten Warenform aus: Diese gibt sich nicht *als etwas anderes* aus (ein Bild, eine Legende, ein Stück Leben), sondern gesteht sofort ihre materielle Armut und notwendige Verbundenheit mit dem Bedürfnis ein. Zwischen Käufer und Verkäufer besteht ein direktes infrastrukturelles Verhältnis, das abgewickelt werden kann, ohne auf irgendeine soziale Beziehung angewiesen zu sein, die dieses Namens würdig wäre. Auch muss der Verkauf nicht mehr auf die Strategie der Doppelzüngigkeit und Verkehrung, jene geheimen

Operatoren des Fetischismus, zurückgreifen, da das Produkt außerhalb jeder sozialen Beziehung gehandelt wird. Hier zeigt sich das geistige und ökonomische Dispositiv, welches das Trivialprodukt hervorgebracht hat, in seiner ganzen Deutlichkeit. Für 25 Euro die Nacht gaukelt das Motelzimmer dem Stadtmenschen kein magisches Trugbild vor, sondern bietet sich als banales Erzeugnis feil, das keinen anderen Anreiz hat als seinen erschwinglichen Preis und seine relativ bequeme Benutzung. In gewisser Weise bezeichnet der Tod des Fetischismus nicht das Ende seiner Herrschaft, sondern seinen Gipfelpunkt. Die Unterordnung der menschlichen Bedürfnisse unter Warenprodukte ist so groß, dass sie die wenigen Verstandesgründe, welche diese Abhängigkeit von den Trugbildern der Phantasmagorie deutlich zutage treten lassen würden, endgültig in den Hintergrund drängt. Das Urstadium der magischen Anziehungskraft, das im Wesentlichen an eine Gesellschaft gebunden ist, die auf Produktion und Ausbeutung von Arbeitskraft basiert, ist nun einem weltlichen Konsum gewichen, der sich in der reinen Klarheit und Unterscheidbarkeit trivialer Funktionalität ansiedelt. Man könnte sogar behaupten, dass sich die übliche funktionelle Transparenz von Konsumprodukten als äußerste historische Metamorphose des Fetischismus begreifen lässt, die so in Gestalt einer neuen Form von Magie auftritt: als das Diaphane. Das *Diaphane* wäre somit Ausdruck der Verdinglichung des Warenprozesses selbst, der sich auch schamlos als eine Verdinglichung ausgibt, ohne dass das jedoch irgendetwas daran ändern würde.

Ganz allgemein gesprochen ersetzt heute in allen ökonomischen Sektoren das Discountgeschäft das System attraktiver Serviceleistungen. Die antrainierten Reflexe des Massenkonsums kommen heute ohne jede überflüssige Verpackung aus, die nur noch ein Überbleibsel aus der Vorgeschichte des totalen Marktes ist. Folglich verschwindet der Gegenstand ganz und gar hinter seiner Funktion. Auch der soziale Mehrwert, der dem Gegenstand seine historische Patina verleiht, wird nun ganz wertlos. Im Falle der Billig-Hotellerie wird das Motelzimmer zu einem gewöhnlichen Produkt, mit Bedienungsanleitung, Registriernummer und Reklamationen. Es muss sich einer strengen Qualitätskontrolle unterziehen, die allein über die Regulierung seiner Formen und Elemente erfolgen kann. Die Standardisierung von Dienstleistungen hat den Tauschwert in der Versenkung verschwinden lassen. Allein die Nutzerfreundlichkeit zählt. Eine durch einen Schlitz gezogene Bankkarte reicht aus, um noch in derselben Minute zu einem 8 m^2 großen Zimmer aus Rigipsplatten zu kommen.

Alles in allem lässt sich behaupten, dass der funktionale Aspekt der Ausstattung und Anordnung der Räumlichkeiten nicht unbedingt nur aus Gründen kurzfristiger ökonomischer Rentabilität unerlässlich geworden ist, sondern auch aus Gründen sicherer Vorhersehbarkeit. Man setzt auf eine ganz bestimmte Klientel, die die diversen Parameter funktionaler Kommodität bereits verinnerlicht hat und zugleich Gefahr läuft, den faustischen Preis dieses Paktes zu zahlen. Doch auch wenn die Konsumgesellschaft nicht mehr nur die Karte der Warenphantasmagorie ausspielt, sondern sich nun im Allgemeinen mit einer eigenschaftslosen, nach industriellen Maßstäben gefertigten Funktionalität begnügt, kehrt die Feerie mit erstaunlicher Widerstandsfähigkeit in den merkwürdigen Verhaltensweisen und lächerlichen Träumen der Kunden wieder. Das Motel stellt eine materielle Tilgung zur Schau und lässt doch zugleich Alltagspraktiken erblühen, die sich aus einer naiven Sakralität speisen. So können aus dem Neutralen manchmal merkwürdige Abweichungen entstehen, die die vorherrschende Unpersönlichkeit in etwas umwandeln, was man durchaus als graue Magie bezeichnen müsste. Nicht die schwarze Magie *okkulter Praktiken*, in denen sich fortwährend das irrationale Bedürfnis nach einer obskuren Transzendenz institutionalisiert, sondern eine alltäglichere Magie, die aus den Allerweltsorten und gewöhnlichen Situationen dringt; die fahle Magie des in seiner banalen Wiederholung gefangenen Vorstadtlebens eben.

SUPERMARKT DES VERBRECHENS. Es mag ein Irrtum sein, doch steht zu vermuten, dass die *serial killers*, die die Titelseiten der Zeitungen ebenso bevölkern wie die leblose Phantasie von Schriftstellern, Drehbuchautoren und Fernsehmoderatoren, von allen also, die von Klischees leben, jenseits der von ihnen ausgehenden morbiden Faszination in Wirklichkeit die strikte Anwendung der Grundprinzipien amerikanischer Verkaufsökonomie auf den Mord verkörpern: Standardisierung und Serialisierung. Nur notdürftig verbirgt der Wahnsinn ihres kriminellen Vorgehens eine soziale Häresie, die doch alle Welt als ein vernünftiges Dogma hinnimmt. In einer Gesellschaft des Massenkonsums und der Massenkommunikation findet auch der Massenmörder seinen Platz. Manchmal lohnt es, an eine banale Selbstverständlichkeit zu erinnern, die, scheinbar trivial und repetitiv, doch immer auch ein Quäntchen Wahrheit enthält.

Durch ein gewohnheitsmäßig angeeignetes Wissen, das nicht ausgesprochen werden muss, um dennoch gewusst zu werden, ist jedem amerikanischen Stadtmenschen vollkommen klar, dass er zum Mittagessen bei Pizza Hut Pizza bekommen wird, bei Subway Sandwiches und bei Wendy's traditionelle Hamburger, die ihrem bildlich dargestellten Begriff jeweils exakt entsprechen. Jedes Gastronomieschild enthält bereits alle Elemente, die seinen Inhalt definieren. Eine Marke begnügt sich nicht damit, lediglich ihre Rekurrenz auszustellen, sondern definiert bereits durch sich selbst ihr Produkt und lässt es stets wiedererkennbar werden. Das Vorgehen besteht hier ganz einfach darin, den Kontext für den Konsum und das eigentliche Produkt in perfekter ökonomischer und affektiver Kontinuität miteinander verschmelzen zu lassen. Über die Ware eignet man sich eine Sache an, zugleich aber auch einen *genius loci*, die Metaphysik einer Geschichte, einen trivialen, spirituellen Baukasten an Gefühlen und oberflächlichen Gedanken, welche die Ware wie Ersatzwerte begleiten. Durch eine weite Ausfächerung ihrer Variantenvielfalt täuscht sie über ihre Repetitivität hinweg. Für alle anderen Handelssektoren verhält es sich ähnlich, ebenso für alle anderen üblichen Konsumprodukte. Um diese unmittelbare Lesbarkeit zu erlangen, muss jeder Hersteller von Konsumgütern seinen potenziellen Kunden auf eindeutige Weise ein einziges, klar wiedererkennbares Produkt anbieten, das er dann in verschiedenen Formen durchspielt, um so ihre unstillbare Gier nach dem Neuen irrezuführen. Der vermeintlichen Überfülle zum Trotz gibt es beispielsweise in der riesigen Käseabteilung eines amerikanischen Supermarktes letztlich nur zwei Sorten Käse, nämlich orangefarbenen Käse und gelben Käse, also verschiedene Mimolette- und Cheddarsorten, die jedoch in mannigfaltigen Formen erhältlich sind: scheibenweise im 12er, 20er oder 100er Pack, in Würfel- oder Zylinderform, als

Aufstrich, zum Überbacken, als Belag für Sandwiches oder Burger, als Beigabe für Salate etc. Pluralität verschwindet hier hinter Multiplizität: Es gibt einfach alles, aber nur *idem numero*. Auf allen Ebenen der Warengesellschaft herrscht allein das Gesetz der Wiedererkennbarkeit, das die Serienproduktion mit unübertrefflicher Effizienz vereinfacht.

In diesem Sinne tut auch der Serienmörder eigentlich nichts anderes als das, was McDonald's oder Taco King Tag für Tag vollbringen: Er verbreitet überall sein Markenzeichen und bietet seiner Kundschaft einen einzigen, gut wiedererkennbaren Artikel. Im Grunde lebt er ausschließlich von der Sichtbarkeit seines Markenzeichens. Zwar nötigt ihn sein besonderer Status zu Diskretion und Flucht, doch zwingt ihn die Standardisierungslogik zugleich dazu, auf die Waffen der Öffentlichkeitswirksamkeit und des Spektakels zurückzugreifen: signierte Morde, wiedererkennbare Rituale, das Spiel mit den Medien. Wenn seine Neurose als Kollektivneurose in Erscheinung tritt, dann um eine autorisierte Befriedigung daraus zu erlangen. Zwar entführt er seine Opfer, hält sie gefangen und ermordet sie schließlich, versteckt dann die Leichen oder lässt sie bis zur Unkenntlichkeit verstümmelt in einem Gebüsch oder Abfallcontainer zurück, doch weicht er dabei niemals von einer bestimmten Machart ab, die seine ganz spezifische Handschrift ist. An seinem Vorgehen fällt vor allem sein Wille auf, überall und vor allem auf dem Fleisch seiner Opfer sein Markenzeichen anzubringen, wie um seine offizielle Antwort auf die von der Stadt diktierten Vorschriften darin einzutragen: Wiedererkennbarkeit. Im Schutz seines Wahnsinns macht er aus der verstümmelten Leiche den Text seiner sozialen Forderungen, und selbst wenn er sie in Säure auflöst oder im ganzen Land verstreut, weiß er, dass hier allein *die Tatsache* zählt, dass er es getan hat. Nicht mehr das Gesetz ist dem Körper des Opfers eingeschrieben wie noch in Kafkas *Strafkolonie*, sondern ganz im Gegenteil das erbärmliche Flehen eines Individuums, das sich Gehör zu verschaffen versucht.

Im Universum amerikanischen Verbrechens ist die Konkurrenz unerbittlich, und will man nicht unbemerkt untergehen oder sein Gewerbe gleich ganz niederlegen, muss man sich hier Tag für Tag behaupten. Jeder Mörder hat so seine kleine Spezialität, seine Eigenart, seine Handschrift, die er in verschiedenen Formen und Gestaltungsweisen unendlich durchvariiert, je nach dem was gerade auf dem Markt zu haben ist. Einige haben sich auf das Abtrennen von Körperteilen spezialisiert, andere eher auf Kannibalismus oder makabre Rituale, jedem aber ist sein charakteristisches Merkmal wichtiger als alles anderes, wichtiger noch als das Verbrechen selbst. Schließlich und endlich müssen sich die Leute hier schon zurechtfinden können und etwas bekommen für ihr Geld. Banalität oder Mittelmäßigkeit kann man sich nicht erlauben. Eben darum sind ein gewisses Know-how und eine individuelle Handschrift vonnöten. Hier liegt ein Grund dafür, warum ein Mörder mehr noch als die hemmungslose Befriedigung seines entfesselten Begehrens vor allem kollektive Anerkennung sucht. Er *signiert* sein Verbrechen, ja kommentiert es persönlich, denn sein Mord ist trotz der jeweils individuellen und mentalen Ursachen, die ihn ausgelöst haben, immer in ein soziales Zeremoniell der Abgrenzung eingebunden. Der Fall des Serienkillers kann also durchaus faszinieren, wenngleich wohl weniger durch die Häufung der Verbrechen, denn abgesehen von der eher geringen Wahrscheinlichkeit, selbst zu ihrem Opfer zu werden, ist die Aufrechnung hier eher sekundär, sondern vielmehr durch die Wahl eines idiosynkratischen Vorgehens in der Ausführung des Mords. Serienmörder sind beständig auf der Suche nach einer lebendigen Singularität, einem *principium individuationis*, was sie jedoch, da sie dem sozialen Druck weitaus stärker als jeder andere Bürger ausgesetzt sind, nur in der kommerziellen Sprache des Thematischen und Seriellen erreichen können. Sie gewinnen ihre Individualität durch die Übernahme von Allgemeinheiten. Ihr Verbrechen zählt in ihren Augen nur dann etwas, wenn es umgehend von der Gemeinschaft als Ausdruck einer Singularität erkannt wird. In Anbetracht der Tatsache jedoch, dass sich letztere selbst nur als eine lebendige Totalität erleben kann, die Herrin über ihre Handlungen und Subjekt ihrer Affekte ist, versteht sie sich ausschließlich über die vorherrschenden ökonomischen Kriterien der standardisierten Individualisierung: die Marke. Denkt man einmal wirklich ernsthaft über den Anspruch eines Serienmörders wie Ed Gein oder Gary Heidnik nach, der darin besteht, gute Arbeit zu leisten, dann versteht man, dass sich darin im Wesentlichen das kleinkarierte Universum eines Angestellten widerspiegelt, der sich um den tadellosen Zustand seiner Arbeitsinstrumente sorgt, eines kleinen Ladenbesitzers, der jeden Morgen sein Schaufester auf Hochglanz bringt, oder eines Kellners, der allein darauf bedacht ist, die Hygiene- und Zufriedenheits-Charta des Fastfood-Restaurants einzuhalten, in dem er arbeitet. Nun ist dem Serienmörder aber natürlich nicht bewusst, dass die durch Kommerz und Marketing angereicherten Methoden, derer er sich für sein kriminelles Handeln mit so starker Überzeugung bedient, dass er unter anderen Umständen wahrscheinlich zum Angestellten des

Monats gekürt würde, dass diese Methoden also die Singularisierung, um die er das soziale und von den Medien repräsentierte Universum anfleht, nahezu unmöglich machen. Er versucht sich von der Gesellschaft durch eine Strategie von unten zu befreien, indem er die Regeln ökonomischer Rationalität und standardisierter Handelsgüter übernimmt, doch verweisen ihn diese lediglich auf die kollektive Entfremdung zurück. Seine Tragödie besteht darin, dass er zwar versucht, den kollektiven Druck aus eigener Kraft zu überwinden, allerdings mit denselben Mitteln, die auch die soziale Unterwerfung anwendet.

So wie zum Beispiel in einem Planet Hollywood-Restaurant das Themenfeld »Kino« bis zur Erschöpfung in allen seinen Formen durchgespielt wird, von der Vorspeise bis zum Dessert, von der Form der Teller bis zur Innenausstattung, so erzeugt auch der kriminelle Psychopath, zumindest solange es die Behörden ihm erlauben, unendlich viele, jedoch wohl überlegte Variationen seines eigenen mörderischen Wahnsinns. Auch er sucht sich Themen, betreibt Marktstudien, sondiert sein Publikum und wählt ein ganz bestimmtes Ziel. Keine seiner Entscheidungen erfolgt spontan, *unterbewusst* hat er die Gesetze der Interessensoptimierung und Investitionsrentabilität vollkommen verinnerlicht. Er wählt sein Opfer nicht zufällig, sondern stellt Nachforschungen, Untersuchungen an. Unter den grenzenlosen Möglichkeiten, die das Verbrechen bietet, wählt er nach reiflicher Überlegung eine Waffe, eine Geste, eine Personengruppe (nicht selten stellt sich heraus, dass sein Instinkt sehr viel zuverlässiger für ihn denkt, als sein Verstand es täte), von der er dann nicht mehr abweicht und so Karriere macht. Seine Vorliebe für das Serielle erklärt sich aus der Einförmigkeit seines Produkts, wobei es wohlgemerkt darum gehen wird, es allmählich zu verändern, indem man ihm nach und nach einen kleinen, persönlichen Touch gibt, um das Publikum nicht zu langweilen. Wie könnte er in einer Welt der Waren, die keine anderen Gesetze kennt als die der massiven Uniformisierung, des Kostenkalküls und der scheinbaren Aufwertung des freien Individuums, einsam und stolz mit seiner morbiden Kunst existieren? Statt dem sozialen Leviathan Auge in Auge gegenüberzutreten, macht er sich lieber dessen Konformismus zu eigen und verschafft sich so einen widersprüchlichen Genuss durch die tödlichen Wonnen seiner Klischees.

Durch seine berechnende Rationalität, die in erster Linie die Risiken eines Bankrotts vermeidet und den Ertrag optimiert, führt der Serienmörder sein kleines Unternehmen getreu den Geboten der Konsumindustrie. Als Enkel von Ford und Taylor passt er sich durch Warenstandardisierung und Serienproduktion permanent den Regeln des Marktes an. Denn der Markt ist grausam und erbarmungslos. Wer will schon ein banales Verbrechen ohne irgendwelche Besonderheiten? Passt sich der Mörder nicht den Gesetzen des Marktes an, wird er in Vergessenheit geraten und schließlich untergehen. In unserer Gier als halb verängstigte, halb erregte Zuschauer verlangen wir ja gar nicht mehr unbedingt originelle und erinnerungswürdige Morde. Lange schon haben wir uns von dem Mythos verabschiedet, der uns mustergültige Persönlichkeiten und Heldentaten versprach. Aber wir fordern doch wenigstens Verbrechen, *die etwas bedeuten*, einen Namen, eine Referenz, ein Qualitätslabel. Ob im Parkett der Wallstreet oder in den Hochsicherheitsbereichen der Gefängnisse, überall ist es die gleiche Notwendigkeit, die die sozialen Ereignisse bestimmt: die Rentabilisierung der durch die Arbeitskraft anfallenden Kosten durch eine Optimierung der Produktionsmittel. Dank Adam Smith wussten wir bereits, dass die Marktwirtschaft ihre eigenen Entwicklungs- und Regulationsgesetze besitzt; aus der Lektüre von Thomas de Quincey haben wir gelernt, dass das Verbrechen, obwohl es sich ganz regellos gibt, ebenfalls bestimmten ästhetischen Prinzipien der Symmetrie und Regelmäßigkeit gehorcht; dank der Serienmörder werden wir heute gewahr, dass es sich in beiden Fällen um exakt dieselben Regeln handelt.

9.

Das Aufkommen des Franchising

»Irgendwo in den Vereinigten Staaten lebt ein junger Mann, der reich werden wird [...]. Er wird an allen wichtigen Straßen des Landes eine Kette von kleinen Hotels eröffnen, die adrett, angenehm, und standardisiert durch Werbung überall bekannt sein werden. Er wird sein Geld nicht mit Vergoldungen und Onyx verschwenden, sondern zuvorkommende Angestellte, guten Kaffee, solide Matratzen und eine gute Beleuchtung anbieten.«

Sinclair Lewis, Saturday Evening Post, 3. Januar 1920

»Motels. Ich mag Motels. Ich würde gern eine ganze Kette davon besitzen. Weltweit. Ich würde gern von einem zum anderen reisen. Das hat etwas von Selbsterkenntnis.«

Don DeLillo, Spieler

»DIE SCHRECKLICHSTE URLAUBSREISE MEINES LEBENS.« Enttäuscht von dem unzureichenden Komfort der Zimmer und dem schlecht funktionierenden Service, den er in allen Motels antraf, in denen er mit seiner Frau und seinen fünf Kindern abgestiegen war, beschloss 1951 ein Bauunternehmer aus Memphis, Kemmons Wilson, bei seiner Rückkehr von einer ermüdenden Reise nach Washington, D.C., ein Motel zu errichten, »das all das haben würde, was wir vermisst hatten.« Mit seinem Zeichner Eddie Bluestein entwarf er die ersten Grundrisse der Zimmer und des Hauptgebäudes, bestimmte die Lage der Parkplätze, entschied über die grundlegende Ausstattung, die Form des Aushängeschildes und ein Logo. Zwölf Monate später öffnete das erste Holiday Inn auf der Summer Avenue seine Türen. 1996 gab es schon fast 1.800, die über die ganze Welt verteilt eine Beherbergungskapazität von insgesamt 340.000 Zimmern boten.

Ab den 1960er Jahren wich das traditionelle, familiengeführte Motel, das noch ganz vom alten, betörenden Geruch der Wild-West-Legenden durchdrungen war, welche ihre Besitzer zur Unterhaltung der Leichtgläubigen sorgfältig pflegten und um immer neue Fabeln ergänzten, allmählich den Hotelketten, die den erschöpften Reisenden im ganzen Land ihre Franchise-Marken aufzwingen. Holiday Inn, Travelodge, Budget Inn, Motel 6 kauften nach und nach die alten Einrichtungen auf oder bauten neue und versuchten dabei vor allem, diesen Gebäuden ein einladenderes und professionelleres Image zu verleihen. Das Zeitalter der »Ähnlichkeit«, das Adorno und Horkheimer in der *Dialektik der Aufklärung*[20] anprangern, holt nun auch so massive und kostspielige Produkte wie die Motels ein. Das Hotel verwandelt sich in einen Supermarkt des Schlafs.

Das Franchise-System, das darin besteht, in unterschiedlichen Umgebungen ein und dasselbe Produkt zu verkaufen und dabei sämtliche Verkaufsparameter (Name, Preis, Qualität, Werbung – alles zugleich einzigartig und doch identisch) zu übernehmen, hat schnell die Warenökonomie erobert. Im Falle des Franchisings im Hotelgewerbe wurde das noch nicht festgelegte Gebiet der ersten Motels schnell durch uniforme Gestaltungskriterien eingeebnet. Die erste Amtshandlung bestand darin, eine Liste mit den Minimalanforderungen des Kunden zusammenzustellen und sie als Garantieleistung anzupreisen: ein ordentliches Bett, saubere Laken und Handtücher, sanitäre Anlagen, die jeden Tag gereinigt werden, ein funktionierender Fernseher, eine Klimaanlage für brütend heiße Sommer, eine verlässliche Heizanlage für strenge Winter usw. Die Einengung der Wahlmöglichkeiten verläuft über den kleinsten gemeinsamen Nenner. Wie schon Steinbeck 1960 in *Die Reise mit Charley* bemerkt hatte, ermöglicht die Streichung verschiedener Elemente eine verstärkte Kontrolle. Die Vereinfachung grenzt an eine Normierung der Umgebung. Um böse Überraschungen zu vermeiden, beseitigt man nicht das

Böse, sondern die Überraschungen. Entsprechend titelt eine Werbung für die Kette Holiday Inn 1975 *expressis verbis*: »The best surprise is no surprise«. Alles funktioniert nach demselben Modell. Ein reiner, belebender und elementarer Geist beseelt noch die kleinste Ritze des Raums und verleiht ihm seine einheitsstiftende Familienähnlichkeit. Hierin besteht, wie Sinclair Lewis in seinem Roman *Babitt* ohne jeden Sarkasmus darlegt, »unser Glauben an die Standardisierung«.

Doch woher kommt wohl die Gleichförmigkeit, die den Erzeugnissen der industriellen Produktion von Konsumgütern eignet? Gibt es einen schlagenderen Beweis für die Vereinfachung, die der Warenlogik zugrunde liegt, als ihre Konzeption selbst, die sich allein aus der Anwendung der Prinzipien der Kostenreduzierung und der Geschmacksvereinheitlichung ableitet? Wäre das Warensystem tatsächlich fähig, die Realität bunter zu gestalten, dann, so möchte man meinen, hätte es die Zurschaustellung dieser Vielfalt längst ausgebeutet. Zumindest auf die Straßenrandbebauung trifft dies jedoch nicht zu, so dass sich rings um uns herum das »Skelett, das von jenem Monopol fabrizierte begriffliche Gerippe«[21] abzuzeichnen beginnt. Welches sind also die Gründe für die Ausbreitung dieser kommerziellen Vereinfachung, die keinen Handelssektor verschont und manchmal auf trügerische Weise wie ein breit gefächertes, ja personalisiertes Angebot erscheint, während die Individualisierung des Produkts doch letztlich lediglich der letzte Avatar der Standardisierung des Verbrauchers ist? Am nächsten liegt hier sicherlich das finanzielle Argument; in Wirklichkeit aber leiten weit dunklere und schwerer beherrschbare Gründe aus dem Bereich der Tiefenpsychologie die Uniformisierung des urbanen und ökonomischen

Raums. Sie können letztlich auf die Beunruhigung des Gastes zurückgeführt werden.

Im Sinne von Georg Simmels »Mikroskopie« müssen wir also die subjektiven Bedingungen und Lebensformen untersuchen, die die Vorliebe für die Standardisierung des gesamten Handelsbereichs, die in der städtischen Lebensweise vorherrscht, überhaupt erst ermöglichen. Der objektive Tatbestand, der sich aus den harten Strukturen des Sozialverbunds ableiten lässt (ökonomischer, technologischer und juridischer Art), generiert die verschiedenen Standpunkte, die zu seinen weichen Strukturen gehören (soziale, ästhetische, politische, religiöse Theorien oder Konzeptionen) nicht aus sich selbst heraus, vielmehr bezieht er aus ihnen seine eigene Wirkkraft. Auch müssen wir, um die suburbane Erfahrung ans Licht zu bringen, die Stimmung herausarbeiten, die für die Uniformisierung der Warenwelt konstitutiv ist. Jene ist jedoch nicht allzu schwer auszumachen. Normalerweise stellt sie sich wie folgt dar: Um der mit einer falschen Entscheidung verbundenen möglichen Enttäuschung vorzubeugen, opfert der Motelgast das Gute auf dem Altar des Mittelmäßigen. Nicht mehr und nicht weniger. So weiß er wenigstens, was ihn erwartet. Die gesamte Projektionsarbeit des zeitlichen Bewusstseins beschränkt sich somit allein darauf, jede Erwartung zugunsten einer in die Zukunft ausstrahlenden Erinnerung aufzugeben. Folglich schließt sich der so eröffnete Raum einer Zukunft, die irreversibel unmittelbar bevorsteht und ihren eigenen Bereich überraschender Möglichkeiten mit sich bringt, auf unerbittliche Weise über der Aufrechterhaltung von Erinnerungen, die die noch ausstehende Erfahrung dadurch bereits vorwegnehmen, dass sie bestimmte Erfahrungstypen vordefinieren. Somit hat das Franchising einen perversen Effekt auf unsere eigene Zeitwahrnehmung: Sie unterbindet jedwede Antizipation. Die Optimierung der Kundeninteressen vollzieht sich notwendigerweise über die Minimierung der Waren, die er sich zu verschaffen versucht. Dabei ist es völlig gleichgültig, dass alles gleich aussieht, geschmacks- und geruchlos ist, dass ein Zimmer in Miami identisch ist mit einem in Seattle. Das ist nicht entscheidend. Entscheidend ist die systematische Auslöschung jeder Form von Überraschung, ob gut oder schlecht, ob Begeisterung oder Bestürzung, und jeder Form von Innovation, ob positiv oder destruktiv, Kreation oder Alteration.

Steigt man in einem Motel ab, weiß man also vorher schon ganz genau, was man dort vorfinden wird. Niemals kann man davon überrascht oder enttäuscht werden. Von wenigen Kleinigkeiten abgesehen, wird alles exakt so sein, wie wir es uns vorgestellt hatten. Man darf nicht vergessen, dass ein Reisender, selbst wenn er – vielleicht sogar für immer – weit weg ist von zuhause, seine Gewohnheiten und Marotten hat. Er geht davon aus, ein Zimmer anzutreffen, das mit demjenigen identisch ist, welches er bereits kennt. Die technologische Standardisierung spielt ständig mit diesem Festhalten am Gewohnten und Typischen. Nur macht sie aus der Gewohnheit mit ihrem Spielraum freier Möglichkeiten unter der Hand ein ständiges Wiederkäuen des Immergleichen. Die Schemata, die von einer im Gedächtnis aufbewahrten Erfahrung vorgestanzt werden, lässt sie zu horizontlosen Standardtypen, abgedroschenen Patentrezepten verkommen. Auch ersetzt sie das *individuelle Gleiche* (*mein* Platz im Restaurant, *mein* für mich reserviertes Zimmer, *meine* persönliche Behandlung) durch das *allgemeine Identische* (jeder hat den gleichen Platz, das gleiche Zimmer, erhält den gleichen Service). Allerdings schließen sich Individualisierung und Standardisierung nicht aus; vielmehr gehen sie miteinander einher. Erst durch die präzise Auslotung dessen, was es eigentlich ausmacht, ist das moderne Individuum zu sich selbst gekommen. Die Identifizierung und Archivierung all seiner charakteristischen Einzelheiten haben es ihm ermöglicht, ein Bewusstsein seiner selbst zu erlangen. Die allgemeine Kontrolle seiner Größe, seines Gewichts, seiner Augenfarbe, seiner Haare, seiner Haut, die Erfassung seiner schulischen, beruflichen und emotionalen Laufbahn, die tägliche Statistik seiner Einkünfte, seiner Besitztümer und seiner Ausgaben haben die Ausbildung seiner Individualität überhaupt erst möglich gemacht. Durch die Einführung eines Systems der Vereinfachung von Merkmalen und der Vereinheitlichung von Kriterien hat sich das moderne Individuum im Wesentlichen darüber klar werden können, was es eigentlich ist. Es nimmt darum nicht wunder, dass Vereinheitlichung und Persönlichkeit im modernen Zeitalter nur zwei Seiten desselben Prozesses sind.

Für jemanden, der die Regeln der standardisierten Gesellschaft verinnerlicht hat, ist der plötzliche Einbruch einer Zukunft, die nicht schon in einer beruhigenden Projektion aufbereitet worden ist, unannehmbar. Darum wird alles, was geschieht, mit bereits erlebten Erfahrungen abgeglichen, die das einzige *Kriterium* praktischer Vorsicht sind. Die Unterwerfung des vitalen Verhaltens, das, selbst wenn man kein Anhänger des Vitalismus ist, immer einen Teil Unbestimmtheit in sich trägt, führt auf der reinen Ebene totaler Vorhersehbarkeit zum Verlust der menschlichen Fähigkeit zu Gefühlsregungen. Durch das Franchising entspricht das Produkt seinem früheren Bild, seinem allgemeinen und beliebig wiederholbaren Begriff. Jede Produktion beinhaltet bereits ihre Reproduktion. Sie ist lediglich die Realisierung einer bereits erwarteten Erinnerung. Und diese Erwartung beschränkt sich selbst auf die Verordnung eines bereits vorab festgelegten Referenzrahmens. Auf diese Weise kann sie der Kunde durch die Kenntnis gewisser Typen, über die er in seinen Erinnerungsspeichern verfügt, unmittelbar und bequem kontrollieren, obschon er sie dabei zunichte macht. In dieser vorgefertigten Zukunft, die die Zeit nach dem Prototyp des *bereits Bekannten* gestaltet, ist jede Möglichkeit von Abenteuer, also der Erfahrung von etwas Unerwartetem, Enttäuschendem oder Begeisterndem, vollständig ausgemerzt.

Und dennoch macht Monotonie frei. Durch die Wiederholung der immer gleichen Ereignisse ermöglicht sie es einem, zu handeln, ohne dabei seine mentale und physische Energie unüberlegt damit zu vergeuden, jede einzelne Geste immer wieder neu ausführen, jede Entscheidung ständig neu abwägen zu müssen. Sie entscheidet an unserer Stelle über all das, was wir unterm Strich als vollkommen nebensächlich ansehen würden und was sich in unseren Augen keineswegs auf unser gesamtes Leben niederschlägt. Sie befreit den Körper von dem Zwang eines langen, eintönigen Lernprozesses und das Bewusstsein von der toten Zeit des Zweifels. In gewisser Hinsicht vereinfacht die Standardisierung der technischen Welt und der menschlichen Verhaltensweisen, die tagtäglich von ihr abhängen, tatsächlich einiges. Der moderne Mensch gibt sich hier keinen Illusionen hin, er übernimmt sie größtenteils in sein Leben. Indem er den Automatismen technischer Dispositive vertraut, indem er sich von den vorgefertigten Schemata der Kommodifizierung tragen lässt, spart er nicht nur sein Leben auf, das ihm durch die Finger rinnt, sondern befreit sich auch von den Schwierigkeiten permanenter schöpferischer Tätigkeit. Anders gesagt: Die Allmacht der modernen Kommodifizierung hätte nicht in steter und geduldiger Arbeit ihre Vereinfachungen implementieren können, hätte nicht die menschliche Natur bereits die nötigen Voraussetzungen mitgebracht, um sich vom Ähnlichen in den Bann ziehen zu lassen. Jede Entfremdung ist eine Selbstentfremdung.

Zwar führt die durch die Konsumindustrie erzeugte Vereinfachung des Alltagslebens dazu, dass jedes Ereignis zu einem gewöhnlichen Vorkommnis herabgestuft wird, doch offenbart sie zugleich den Willen, es in anderer Form wieder neu aufzuwerten. Diese zweite Chance, die der Markt jeder menschlichen und sozialen Handlung gibt, besteht in dem Angebot, in Gebiete vorzudringen, die vor der Alltagsrealität geschützt sind. Indem sie die leere Form und ihren lebendigen Inhalt voneinander entkoppelt, beschränkt die Industrie der Straßenhotels jede gehaltvolle Erfahrung auf besondere Momente und Orte, die allein zu diesem Zweck bestimmt sind. Der Betreiber eines Motels wird dies bereitwillig anerkennen: In seiner Einrichtung gibt es absolut nichts zu tun oder zu sehen, aber die Broschüren auf dem Aufsteller präsentieren alle Erlebnisangebote, die hier in einem Umkreis von 50 km^2 gescheitert sind: Riesenaquarium, Vergnügungspark, Marinemuseum etc. Die Ratio der Waren, die durch ihre berechnende Vereinfachung der echten Rationalität so fremd ist, erschöpft sich somit ganz und gar in der alltäglichen Dichotomie von Banalität und Anreiz. Sie selbst bringt dieses binäre System hervor, das einerseits aus dem gewöhnlichen

Leben und andererseits aus Höhepunkten besteht, die es aufwiegen sollen. Gerade sie nimmt dem Alltag eifrig jede Qualität, nur um dann auf wunderbare Weise zu seiner Rettung zu eilen, und zwar in der märchenhaften Gestalt einer tatsächlich gültigen vitalen und imaginären Verausgabung.

Was nun die alltägliche Erfahrung angeht, so besteht das Hauptprinzip technischer Standardisierung darin, im Voraus jede intuitive Erfahrung auf den unveränderlichen Rahmen des Konzepts herunterzubrechen. Niemals darf das Ereignis der Nutzung und Bedienung die konzeptuelle Vorsehung verändern. Im Gegenteil muss sich die Erfahrung in ihr formen und sich mit ihren ungeschliffenen Formen verbinden, so dass ihr schließlich nichts anderes mehr übrig bleibt, als ihre Erfahrungsarmut zu bestätigen. Das technologische Protokoll, das im Benutzerhandbuch oder in der Gebrauchsanweisung (im Fall des Motels: der Hausordnung) seine Fortführung findet, legt somit bereits im Voraus die verschiedenen Gelegenheiten fest, bei denen ein Ereignis auftreten könnte, und vereitelt damit jeden möglichen Zwischenfall von vornherein. Solange sie allein auf technische Aufgaben bezogen ist, die nur einen geringen menschlichen und kulturellen Wert haben, hält sich die Standardisierung, obschon sie bestimmte Formen der Unterwerfung wie die des Arbeiters unter seine Maschine oder des Verbrauchers unter sein Produkt erzeugt, noch in akzeptablen Grenzen, da sie sich allein auf den Arbeitsplatz beschränkt; zielt sie aber darauf ab, von einer übergagenden Position aus alle wesentlichen Handlungen des Lebens zu beherrschen – essen, schlafen, Fortbewegung etc. –, enthüllt sie ihre eigentlich reduktive Natur.

Die Uniformisierung der Motelzimmer schreitet voran und lässt nicht ein einziges unbekanntes Möbelstück zurück. Alles, von den Handtüchern über die Kleiderbügel bis hin zu den eingeschweißten Seifen, ist mit dem Stempel der jeweiligen Hotelkette versehen und mit dem *universellen Plastikmaterial* versiegelt: »zu Ihrem Schutz sterilisiert«. Die Zahnputzbecher ähneln dem Nachttisch, der wiederum dem Klodeckel angepasst ist, welcher aussieht wie der Lampenfuß, der seinerseits sein Echo in der Deckenleuchte findet. Dadurch gelingt es dem Standardisierungsprozess, dem Gegenstand seinen Unbestimmtheitshorizont auszutreiben, die Zahl der Möglichkeiten radikal zu verringern, die nicht schon in der Herstellung des Produkts selbst angelegt sind. Am Ende bleibt nur noch der aktuelle Gebrauch. Der Gegenstand hat weder Geschichte noch Schicksal, sondern existiert allein in der einfachen, stabilisierten Konvention, die ihm seine definitive Form verleiht.

Frankreich ist von dieser Entwicklung übrigens nicht ausgenommen. Seit 1985 engagiert sich die Accor-Gruppe, die mit Motel 6 eine der populärsten Motelketten in den Vereinigten Staaten besitzt, auf dem Markt des Low-Budget-Hotelgewerbes. So eröffneten in Frankreich in Evry und Mâcon die ersten Formule 1-Motels in unmittelbarer Nähe zur Autobahn oder Schnellstraße. Die riesigen, 1.200 m^2 großen Würfel umfassen etwa 72 Zimmer, die je zwei Betten, ein Ablagebord und einen an die Decke geschraubten Fernsehapparat bieten. Das Personal ist auf das absolut Notwendigste beschränkt, die Zimmer erinnern irgendwie an selbstreinigende DIXI-Klos. Allein die beiden Betreiber sind vor Ort und stehen den Gästen zur Verfügung. Es ist klar, dass sich der Bau eines Motels insgesamt aus nur einem einzigen, im vorhinein festgelegten Parameter ableitet: dem Zimmerpreis. Man baut nicht erst ein Gebäude, um sich dann zu fragen, welchen Preis man für eine Übernachtung verlangen wird. Vielmehr denkt man das Ganze gerade anders herum: Es ist der Preis, und er allein, der über die zu verwendenden Baumaterialien bestimmt, über die architektonische Form, die das Gebäude annehmen soll. Ursprünglich für Fernfahrer und Handelsreisende gedacht, werden diese französischen Motels zunehmend auch von Wochenendtouristen oder Saisonarbeitern frequentiert, die lieber in einem Käfig schlafen wollen, als auf ihrer Reise etwas Wichtiges zu verpassen. Das Geld, das von dem für die Übernachtung eingeplanten Budget gespart werden kann, wird dann wiederum in Aktivitäten oder besonders begehrte Produkte investiert, die einen hohen Anziehungswert haben.

Schaut man genauer hin, so scheinen die gegenwärtigen Hauptkonsumarten auf ein allgemeines Gesetz der Aufspaltung von Wünschen zu antworten. *Man* nimmt in Kauf, mittags in einem Fastfood-Restaurant zu essen, um sich abends ein gutes Restaurant leisten zu können. Unter der Woche steigt *man* lieber in einem Motel ab, um am Wochenende in einen Landgasthof fahren zu können. *Man* kauft Unterwäsche und Jeans bei einem Billighändler, um sich am Ende des Monats einen Markenanzug gönnen zu können. *Man* verbindet kleine und große Gelegenheiten, *cheap* und *chic*, Billigsupermärkte und Luxusrestaurants. Je weniger man für Produkte oder Dienstleistungen ausgibt, auf die es nicht ankommt, desto mehr Kaufkraft spart man sich für Produkte oder Aktivitäten auf, die hoch im Kurs stehen. Allerdings lässt diese sich langsam entwickelnde Verbindung aus Discount und Luxus alle Zwischenstadien der Ware vom Markt verschwinden. Zwischen diesen beiden exklusiv gewordenen Polen wird die ganze Spannbreite qualitativer Nuancen aufgerieben. Preisnachlass und Preisexplosion merzen nach und nach Durchschnittslösungen und -produkte aus. In dieser bipolaren Welt, in der nur noch spottbilliger Schund und echte Qualitätsartikel nebeneinander bestehen, pendelt man von einem Extrem zum anderen, während man noch glaubt, Sparen und Vergnügen miteinander zu verbinden. Ohne an dieser unvermittelten und widernatürlichen Kopplung Anstoß zu nehmen, lässt man so an ein und demselben Tag Abgeschmacktheit und Vornehmheit, Standard und Qualität, Ramsch und Eleganz nebeneinander bestehen. Ganz allgemein versagt man sich auf der einen Seite bestimmte Dinge, aber nur um auf der anderen auszugeben ohne nachzuzählen. Je mehr niedrigpreisige Produkte auf den Markt kommen, desto stärker erblüht das Geschäft mit dem Luxus.

Doch dieser Prozess, der zu einem Verhalten führt, das sich permanent zwischen zwei Alternativen hin- und hergerissen sieht, gilt nicht einfach nur für Waren, sondern auch für Dienstleistungen. So entwickelt sich gerade im Zeitalter der Motels und der Discount-Hotellerie ein System privater Unterbringungen bei Einzelpersonen. Häufig sind die Kunden beider Formen dieselben. Von einem unpersönlichen und sterilen Universum wechselt man übergangslos in eine familiäre Umgebung, in die Intimität und Nähe eines Nests, das an ein echtes *Zuhause* erinnert, oder, auch in diesem Fall, lediglich an seinen Typus. Im Gegensatz zu dem sonst herrschenden Mangel an menschlichen und warmherzigen Beziehungen wollen wir nun alles über das Leben unser Gastgeber wissen, von ihren Tellern essen und in ihren Betten schlafen.

Aus dieser trivialen Feststellung, die aber ihre Wichtigkeit hat, kann man eine allgemeine Lehre ableiten: Je stärker sich der Konsument tagtäglich zu einer ökonomischen Handlungsweise angehalten sieht, die sich durch die Spannweite der Angebote und verführerische Preise aufzwingt, desto deutlicher reagiert er durch eine mehr oder weniger bewusste Entscheidung für antithetische Strategien und widersprüchliche Verhaltensweisen. Durch diese reizartigen Reaktionen meint er, seine Umgebung zu beherrschen. Darum scheinen seine Konsumentscheidungen durch ein Prinzip der Auftrennung bestimmt. Jedoch hat dieses zwiespältige Verhalten merkwürdige Konsequenzen. In der unaufhörlichen Schaukelbewegung, die einer gewissen Übertreibung sozialer Verhaltensweisen Vorschub leistet, sind alle Zwischengrade aufgehoben und von den beiden Extremen aufgesogen. Zwischen Billigprodukten und kostspieliger Qualität kann nichts mehr als mittelmäßig oder durchschnittlich bestehen, alles muss sich entweder auf- oder entwerten. Der an Qualität und Preise angesetzte Maßstab dehnt sich und lässt zwischen den beiden Extremen einen Leerraum, in dem keine Unternehmung dauerhaft ihren Platz finden kann, ohne dabei Gefahr zu laufen, von den letzten beiden Gliedern der Kette eingeholt zu werden. Der Verbraucher jedoch erlebt diese Aufspreizung keineswegs als ein Drama. Zwischen dem Discount-Pol und dem Luxus-Pol hin- und herschwankend, glaubt er so, es allen recht machen zu können, an beiden Welten teilzuhaben, aus diesem Spiel einen doppelten Gewinn zu ziehen, sich an neue Situationen anzupassen und sich dabei noch einen gewissen Respekt für die traditionell überlieferten Werte zu bewahren.

Die Aufhebung der Zwischenstufen im täglichen Konsum hat noch eine weitere, hinterhältige Konsequenz. Anstatt uns alle Dinge anzunähern und die Welt durch permanente *Bereitstellung* unmittelbar zur Verfügung zu stellen, erschafft sie den Abstand, den sie eigentlich abschaffen sollte, unwissentlich immer wieder neu. Indem sie alle Übergangsphasen der Aneignung eines Objekts, einer Information oder einer Dienstleistung aufhebt, nimmt die Logik der »Aufhebung der Nähe« die Konsequenzen einer Handlung voraus, ohne sich die Zeit zu nehmen, sie auch zu verwirklichen. Sie überspringt die Mittelglieder. Brücken und Übergänge, die zum Begehrten führen, werden durch die Geste der automatischen Gabe des Entfernten zerstört. Aber dabei setzt sie sich der Gefahr aus, die richtungsweisenden Vermittlungsinstanzen zu verlieren, sollte der Prozess unmittelbarer Erreichbarkeit scheitern. Genau das passiert, wenn der Benutzer, sobald er seine Dienstleistung nicht schnell genug erhält (eine Auskunft, ein Produkt etc.), nicht mehr weiß, wie er es anstellen soll, um den Weg in der Kette umgekehrt zurückzuverfolgen und auf diese Weise das fehlerhafte Element zu entdecken. Daran gewöhnt, dass ihm alles augenblicklich zukommt, vergisst er den Prozess des Erhaltens und leidet noch sehr viel mehr an dem Abstand, den er eigentlich verkleinern wollte.

Hinter dieser Logik des Franchising zeichnet sich auch eine bestimmte Vorstellung von Lust ab. Die Vorprägung des Produkts und die Typisierung aller Erfahrungselemente lassen den Kunden eine Lust verspüren, die nicht mit Schmerz und Sorgen vermischt ist, sondern vielmehr ein Gleichgewicht darstellt. Der kinetischen Lust eines Begehrens in ständiger Bewegung, das immer mehr will und sich der Überraschung aussetzt, setzt das

Franchising eine »katastematische« (ruhende) Lust entgegen, bei der die Seele eine totale Abwesenheit von Unruhe und Schmerz erreicht, weil sie allein genießt, was sie bereits genossen hat. Die Moral des Komforts, der beinahe einzige Wert des modernen Konsumenten, fußt in gewisser Weise auf der epikureischen Ethik. *Aponia* und *Ataraxia* sind die beiden Ziele, die jeder Käufer anstrebt. Weder Schmerz noch Unruhe, sondern reine, unbewegliche Befriedigung, die nicht von dem Stachel eines Optimums gestört wird.

Die Lust kennt hier keine eigentlich positive Bestimmung, sondern wird vielmehr über einen Mangel erfahren: weder Sorge noch Hindernis. Sie besteht in der Befreiung von allem Schmerz. Reinheit ist nur durch Reinigung möglich. Auf einer solchen Feindseligkeit gegenüber jedweder Form von Unannehmlichkeit und Unbehagen fußend, bieten die verschiedenen Franchising-Motelketten ein Gleichgewicht aus Begehren und Bedürfnis. Der Gast wird befriedigt und also glücklich sein; er wird ein »Gefühl des Wohlseins bar jeder Besorgnis und Furcht« (Lukrez, *De rerum natura*, II, 6, 19) empfinden, da er schon im Voraus weiß, was er erleben und konsumieren wird. Der Komfort hat nicht an sich einen Wert, sondern allein aufgrund der Tatsache, dass er Sorge und Leid auslöscht, die jede Neuheit begleiten. Die Arbeit des Franchise-Produkts besteht im Wesentlichen in einer Privation: der Verringerung von Unannehmlichkeiten (das moderne Wort für Schmerz).

Im ausgewogenen System des Franchising ebenso wie in der epikureischen Ethik wird derselbe Kampf gegen die Unbequemlichkeit geführt. Gewiss muss hier eine feine Unterscheidung eingeführt werden. Epikur erkennt nur jene Lüste als wahrhaft glückliche an, die aus einfachen, natürlichen und notwendigen Wünschen entstehen, während es das Franchising meist mit künstlichen und kontingenten Bedürfnissen zu tun hat, und dieser Unterschied ist wesentlich. Dennoch bleibt es dabei, dass die allgemeine Idee der Lust, die es anzustreben gilt, in beiden Fällen sehr ähnlich ist. Auch wenn sich die Verlangen unterscheiden, die Konzeption der Lust bleibt doch dieselbe. Alles, was mühsam und beunruhigend ist, muss nach und nach ausgemerzt werden, so dass in dieser strengen Selektion allein die Abwesenheit jedweden Begehrens bestehen bleibt: die neutrale Lust der Ruhe. *Lassen Sie uns nur machen*, wiederholen die Werbespots der Hotelketten, *wir kümmern uns um alles*. Indem es uns von der Angst vor dem Unbekannten und der mit ihr einhergehenden Beunruhigung befreit, passt das Franchising die Lust an das Bedürfnis an. Sie verschafft eine *voluptas stabilis*, eine stabile, neutralisierte Lust. Gewiss lässt man dabei die großen Freuden, die Aufwallungen ausgelassener Heiterkeit (in die sich beständig ein gewisses Leiden mischt, und sei es nur dasjenige ihres abrupten Aufhörens) außer Acht. Doch ist die Gefahr zu groß, als Gegenstück zu einer großen Freude einen intensiven Schmerz zu erleben. Folglich verordnet uns die intelligente Ökonomie der Lüste und Schmerzen eine Strategie der Entsagung, die auf jeglichen Exzess verzichtet. Für das Franchising-System ist das Bessere immer der Feind des Guten.

Aus dieser negativen Sicht heraus gilt es jede heftige oder plötzliche Emotion systematisch zu eliminieren, da sie eine vorübergehende Störung der Empfindsamkeit impliziert, das Gefühl eines *raptus*. Letztendlich zeigt sich, dass die einzige Lust, die mit den Zwängen ökonomischer Entscheidungen vereinbar ist, eine privative Zufriedenheit ist: weder Freude noch Leid. »Die Stimme des Fleisches spricht: nicht hungern, nicht dürsten, nicht frieren« (Epikur, *Sententiae Vaticanae*, § 33).[22] Denn Lust ist nicht Freude. Keiner weiß das besser als der moderne Mensch. Er ist fest davon überzeugt, dass es jenseits der Freude, in der schlichten Neutralisierung aller Sensibilität, eine gewisse Lust geben kann: die Ataraxie. Wenn der epikureische Weise durch Askese begreift, wie er seine Lüste mit Umsicht dosiert, versteht es der moderne Konsument durch seine eigene paradoxe Askese, diejenigen Wünsche auszuwählen, die ihn am wenigsten Pein und Enttäuschungen kosten. Somit verpflichtet ihn Umsicht dazu, Freudenexzesse, neue Entscheidungen, selbst das Abenteuer *auf unbestimmte Zeit* zu opfern, um sich keinen Schmerzen auszusetzen, die ihrerseits wiederum unmäßig sein könnten. Er bevorzugt darum solche Beziehungen zur Welt, in denen sein tendenziell selbstgenügsames Ego zugleich jener Neigung nachgeben kann, die der willkürlichen Befriedigung innewohnt, und sich Gegenständen und Personen zuwenden, die durch ihre klare und deutliche Identität, ihre unbefleckte Einfachheit und ihr unzweideutiges, unproblematisches Wesen diesen billigen Lustgewinn nicht wieder infrage stellen.

Wäre da nicht ihre Tendenz, diese sinnliche Entleerung mit einer allegorischen und somit exzessiven Zugabe zu versehen, der Passion des Neutralen nämlich, würde es die Standardisierung des Franchising ermöglichen, endgültig mit der Verschwendung des Begehrens Schluss zu machen, indem sie die Bedürfnisse sorgfältig ausbalancierte. Die reine und ruhende Lust besteht für sie nunmehr in der Summe positiver Interessen, die oft genug die Amputation der Freude, Quelle allen Ungleichgewichts, aufwiegt. Das Prinzip allen Handelns liegt in der Fähigkeit, die negativen Effekte einer Verhaltensweise vorherzusehen: »Um dessentwillen tun wir nämlich alles: damit wir weder Schmerz noch Verwirrung empfinden« (*Brief an Menoikeus*). Die Erleichterung des Schmerzes wandelt sich in eine Idee der Lust. Was will der moderne Konsument mehr, wenn er sich dafür entscheidet, in einem Franchise-Motel abzusteigen?

Man kann sich jedoch fragen, ob die Neutralisierung des Schmerzes nicht auch eine Neutralisierung der Freude nach sich zieht. Kann es eine reine Lust geben, in die sich keinerlei Beunruhigung mengt? Muss diese Lust notwendig als ungestörte Ruhe erlebt werden? Ist wahre Freude nicht vielmehr dem Schmerz abgerungen, anstatt aus seinem vorgängigen Ausschluss hervorzugehen? Entspringt ihre Intensität nicht aus ihrem inneren Kampf mit dem Schmerz, dem sie sich entgegenstellt und den sie transzendiert? Der schon im Voraus neutralisierte Schmerz entspricht dieser Intensivierung der Lust, welche mit ihm verschwindet. Durch die systematische Eliminierung von Unannehmlichkeiten hat die technologische Produktion die epikureische Moral der Ataraxie des weltlosen Menschen an die künstlichen Bedürfnisse des Massenkonsums angepasst. Das Glück kann nunmehr nur noch in der Negation des Schmerzes bestehen, das heißt in einer Negation der Negation. Doch versagt man sich nicht die wirkliche Lust, wenn man nur eine einzige Sache genießt, und sei sie auch rein und einfach? Das Leben ist eine Abfolge von gewollten Enttäuschungen. Ohne das Versprechen auf eine Enttäuschung würde es auf sein eigenes Fortdauern verzichten.

10.

Das anonyme Sein

»Der Verräter ist eine Figur der zweiten Generation: Das Prinzip der Verlagerung sozialer Beziehungen hat er bereits verinnerlicht und folglich lässt er sich nicht ausgehend von dem Paar Segregation – Insertion analysieren; aus dem Stottern macht er kein Symptom der Desorientierung, sondern eine Verfassung, die für die Sozialisierung ebenso positiv ist wie die Improvisation.«

Isaac Joseph, Le passant considérable

»Heutzutage ist die Anonymität ein Kunstgriff, den man anwendet, um seinen Bekanntheitsgrad zu festigen oder zu vergrößern, so wie man einen schwarzen Schleier trägt, um einen hellen Blick zur Geltung zu bringen.«

Samuel Taylor Coleridge, The Notebooks

Die Erfahrung einer in einem Motel verbrachten Nacht, ausgestreckt in einem Bett, das genauso aussieht wie alle anderen, weist eine Besonderheit auf, die dem Aufenthalt einen merkwürdigen Beigeschmack verleiht: die Möglichkeit der Anonymität. Oder vielmehr die Möglichkeit, anonym zu erscheinen, den anderen weiszumachen, dass Sie es wirklich sind. Tatsächlich ist nichts einfacher, als bei der Anmeldung an der Rezeption einen falschen Namen, eine falsche Adresse anzugeben. Die abwesenden Blicke des Personals scheinen Sie geradezu dazu einzuladen.[23] Das ganze Leben in einem Motel fordert zum Untertauchen förmlich auf. Geheimnis und Banalität bestehen dort nebeneinander und bilden einen neuen Raum, in dem das Mysterium neben irgendwelchen alltäglichen Offensichtlichkeiten steht; sie bedingen sich gegenseitig und verstärken einander noch.

Aber was genau eignet der Erfahrung einer Übernachtung im Motel, das die Anonymität hervorkitzelt, so wie eine schlecht beleuchtete Straße das Verbrechen anlockt? Was genau ist hier dem Verschwinden im Inkognito so dienlich? Zunächst einmal stammt die Anonymität nicht, wie man allzu oft behauptet, aus einem Gefühl des Identitätsverlusts. Vielmehr bezeichnet sie genau den Moment, in dem sich eine Person aus freien Stücken von den allzu auffälligen Merkmalen ihrer Identität befreit, nicht um sie rundweg abzulehnen, sondern vielmehr um die tieferen Schichten ihres Wesens zu erleben. Durch die Anonymität schützt sich das Subjekt vor der engen Anbindung an ein (familiäres, soziales, nationales) Referenzsystem, das es zur ständigen Positionierung gegenüber den anderen und der Welt zwingt. In der Verschleierung seines Namens, seiner Herkunft und seines Wesens wie in der rohen Unpersönlichkeit seines Motelzimmers existiert es nur noch *an und für sich*, losgelöst von jeder kontextuellen und heteronomischen Bestimmung, in so intimer Nähe, dass keine Vermittlung sie stören kann.

»Niemand« zu sein – wie Odysseus in der Höhle des Polyphem – bedeutet weder auf seine Persönlichkeit zu verzichten, noch sie zu verlieren, zu vergessen oder gar nicht erst zu kennen, sondern einfach für kurze oder lange Zeit abzustreifen, was die anderen über mich wissen. Die Anonymität entzieht mich dem Blick und der Benennung der anderen, aber in diesem Entzug lässt sie mich unbeschädigt und gleichsam in mir selbst bestehen. Eine ökonomische und bequeme Weise also, sich nicht allem gegenüber feindlich zu verhalten, was mein Schicksal definitiv besiegeln könnte: die Einsamkeit.

Es stimmt nicht, dass die Anonymität einer Privation der Identität entspricht, sie ist lediglich ihre Ausklammerung. In der Anonymität gibt nicht das Ich sich auf, sondern das Ich gibt die anderen auf. Auch sollte man besser sagen, dass letztendlich nur ein Ich anonym sein kann, dass nur ein *Ich* einen anderen Namen annehmen und den eigenen vergessen, sich andere Identitäten borgen und die eigene beiseite lassen kann, denn in Wirklichkeit liegt die Identität nicht im Ich, sondern in der Weise, in der es sich nach außen zu erkennen und wiederzuerkennen gibt. Mit anderen Worten ist die Anonymität keine prä-persönliche Haltung, sondern eher eine post-persönliche jenseits des Ichs und der ihm zuschreibbaren Eigenschaften, die im intersubjektiven Horizont angesiedelt und hinsichtlich der sozialen Beziehungen unablässig dynamisch ist. Das Ego konstituiert sich, indem es sich von dem Bild abspaltet, das es nach außen hin vermitteln will, und indem es dadurch zeigt, dass es auf sein eigenes Bild nicht hereinfällt. Seine Individualisierung kann sich allein im Rückzug von jeder intersubjektiven Bestimmung vollziehen. Hier lässt sich die wirkliche persönliche Identität mehr in der Subtraktion als in der Addition erfahren. In gewisser Weise kann die Anonymität einem Menschen, der sich versteckt hält, das Gefühl einer intimen Freiheit bieten, wie sich Descartes in einem Brief an Guez de Balzac vom 5. Mai 1631 erinnert:

»In dieser großen Stadt, in der ich mich befinde, da es in ihr außer mir keinen Menschen gibt, der nicht Handel triebe, ist jeder derart auf seinen Nutzen bedacht, daß ich mein ganzes Leben hier bleiben könnte, ohne je von jemandem aufgesucht zu werden. Ich gehe jeden Tag mitten im Wirrwarr einer großen Bevölkerung mit ebenso viel Freiheit und Ruhe spazieren, wie Sie es in Ihren Alleen tun würden, und betrachte die Menschen, die ich dabei sehe, nicht anders als die Bäume, auf die man in Ihren Wäldern trifft, oder die Tiere, die dort grasen.«

In der *Abhandlung über die Methode* übernimmt Descartes dasselbe Argument, mit dem er dieses geglückte Untertauchen verteidigt, und begründet damit den scheinbar anstößigen Gedanken, dass sich die Selbsterkenntnis über das Verkennen der anderen vollzieht:

»Dieser Wunsch rief vor nun genau acht Jahren in mir den Entschluss wach, mich aus allen Orten zu entfernen, an denen ich Bekannte haben konnte, und mich hierher zurückzuziehen, in ein Land, wo lange Kriege eine solche öffentliche Ordnung entstehen haben lassen, daß die stehenden Heere anscheinend nur dazu dienen, daß man die Früchte des Friedens in desto größerer Sicherheit genießen kann. Hier konnte ich inmitten eines großen und tätigen Volkes, das sich mehr um die eigenen Angelegenheiten kümmert als neugierig auf die der anderen schaut, ohne eine Bequemlichkeit der belebtesten Städte zu entbehren, ebenso einsam und zurückgezogen leben wie in der entlegensten Ödnis.«

Ein seltsames Gefühl stiller Heiterkeit inmitten der Menge, wie im Auge eines Zyklons, glücklich darüber, ein Unbekannter im öffentlichen Raum zu sein, wo sich ununterbrochen persönliche Interessen aneinanderstoßen, wodurch Männer wie Frauen zu Waren oder Automaten verkommen. *Larvatus prodeo*.[24] Ein reines Spektakel, in der die Menge durch willentliche Verkennung zur Ödnis wird, Vielheit erlebt als Einsamkeit. Ein abwesender Blick und blasierte Reserviertheit erheben das Cogito hoch über die soziale Welt, über der es wie ein erhabener Felsvorsprung thront, so erscheint das Cogito, wenn es sich hinter seinem Ofen hervor und in die Welt hinaus wagt. Sich in das gleichgültige Medium einer gesichtslosen Masse einzuschleichen, sich in der unbestimmten und geheimen Materie von Individuen und sozialen Gruppen zu verlieren: Hierin bestehen die urbanen Erfahrungen, die der Gründungsgeste eines Cartesianismus innewohnen, der sich als Weg zu absoluter Selbstgewissheit versteht, die nur in der und durch die Unbeteiligtheit gegenüber den anderen zu erlangen ist. Ein Prototyp des Motelmenschen, der zugleich die Vorteile der Stadt und die einsame Stille reiner Selbstzufriedenheit genießt. Einmal mehr geht es darum, an viel frequentierten Orten, wo man keine Ruhe findet, rings um sich herum seine eigene *Ödnis*, seinen eigenen unbefleckten und trostlosen Raum zu schaffen, den man stets mit sich tragen kann. In der platten Evidenz der Gegenwart ist die Anonymität eine Camouflagetechnik.

Selbst die »Moral auf Zeit«, von der Descartes in seiner *Abhandlung über die Methode* ausgeht, um sich den Sitten und Gebräuchen seiner Mitmenschen anzupassen, kann aus dieser vorsätzlichen Entscheidung für die anonyme Verstellung erklärt werden: sich keinesfalls durch allzu auffallende öffentliche Wortmeldungen hervorheben. Keine Wellen schlagen, keine Skandale provozieren. Immer mit dem Strom schwimmen, mit dem Hintergrund verschmelzen. Die Tautologie ist für die Rede das, was die Nachahmung für die sozialen Verhaltensweisen ist. Eben weil es eine Kluft zwischen Denken und Handeln gibt (»weil es bei der herrschenden Sittenverderbnis wenige Leute gibt, die alles sagen würden, was sie glauben«), ist es am besten, sich nur nach den nach außen hin sichtbaren Handlungen der anderen zu richten und ihre Gedanken sowie unsere eigenen in den Verrichtungen des alltäglichen Lebens außen vor zu lassen. Erstaunlicherweise ist es gerade der Mensch des Cogito, also der Mensch, der die intimste und sicherste Kenntnis davon hat, wer er ist (ein denkendes Ding nämlich), der sich freiwillig in der unterschiedslosen Menge verbirgt, den anderen misstraut und der Meinung ist, dass diese Selbsttransparenz dem anderen nicht mitteilbar ist. Tatsächlich aber legt sich das Erstaunen, wenn man bedenkt, dass eine klare Eigenwahrnehmung bestens ohne jede äußere Bestätigung auskommt und ein fest in der unmittelbaren Wahrnehmung verankertes Ich-Bewusstsein mit einer anonymen sozialen Existenz problemlos vereinbar ist. All das führt uns zu der Beobachtung, dass die städtische Anonymität eine defensive Strategie eröffnet, die nach nichts weniger sucht als nach einer Möglichkeit, auf authentische Weise in der Unauthentizität gemeinschaftlichen Zusammenlebens zu bestehen.

Mit anderen Worten entspricht die Anonymität eines Cogito, das sich allein weiß und vor den Augen der Passanten verbirgt, welche es lediglich für »Mäntel und Hüte« hält, keineswegs der Unpersönlichkeit. Diese kann nur erlebt werden, wenn wirklich jeder Verweis auf einen Persönlichkeitspol, also auf ein *zentrales Ich*, fehlt, und sie setzt Erfahrungen frei, die im eigentlichen Sinne asubjektiv sind (unbewusste Wahrnehmungen, instinktive Reaktionen etc.). Doch aller zur Schau gestellten Unpersönlichkeit zum Trotz bleibt die Anonymität immer eine Pose des Ichs (und nicht selten eine nur angemaßte). Seine Identität wird durch eine *épochè* des Subjekts lediglich in der Schwebe gehalten. Das Aufgehen im »Man«, welches das Ich in bestimmten sozialen Kontexten vollzieht, weist bereits darauf hin, dass es sich immer die Möglichkeit vorbehält, zu sich selbst zurückzukehren. Auch wenn es stimmen sollte, dass sich der Stadtmensch im Übergang zur Anonymität immer ein Hintertürchen offenhält, um doch noch echte Momente intimer Enthüllung und sozialer

Entblößung in den von Alfred Schütz so genannten »Face-to-Face-Beziehungen« zu leben, in denen das Ich zu einem sozialen Wir verschmilzt, dann bleibt doch der Austausch in der reziproken Unmittelbarkeit einer affektiven, intellektuellen und praktischen Gemeinschaft ein absoluter Ausnahmefall des Stadtlebens. Vielmehr stehen für gewöhnlich Betrug und Verstellung auf der Tagesordnung.

Der Übergang zur Anonymität, den der Stadtmensch in der banalen Flachheit seines Alltags vollzieht, ist das zentrale Thema von Don DeLillos Roman *Spieler* (1977). Hinter dem vorgeblichen Krimiplot, in dem die Hauptfigur Lyle mit einem terroristischen Komplott flirtet, das eher obskure Ziele verfolgt (wobei eines jedoch in der Zerstörung des World Trade Centers besteht), geht DeLillo im Grunde der Frage nach, was den Stadtmenschen eigentlich noch mit seiner desozialisierten Umgebung verbindet. Während er nach und nach jede Beziehung zu seiner Frau, seinen Freunden und seiner Arbeit verliert, macht Lyle die beinahe hypnotische Erfahrung einer allmählichen Loslösung von allem, was ihn zuvor noch mit der Realität verbinden konnte. Seine Annäherung an das terroristische Milieu geschieht ebenfalls ohne besondere Faszination oder Überzeugung, sondern erfolgt einfach durch eine simple Kette unverbundener Ereignisse. Lyle ist ein *Spieler*, und als solcher will er sehen, blufft und macht gewagte Einsätze, doch ohne das geringste Interesse am Gewinn oder Sieg. Das Spiel steht für eine soziale Aktivität ohne besondere Bedeutung, für eine nutzlose Tätigkeit, die nichts mehr verändert, weder die Welt noch sich selbst, die aber zu der Illusion verführt, man habe an etwas teil, was gerade dadurch, dass es allen Beteiligten dunkel bleibt, jedem möglichen Verständnis einen höheren Sinn verleiht. Da er alles Vertrauen in seine soziale Rolle verloren hat, will Lyle einfach nur noch ungläubig dem beiwohnen, was gleich passieren wird; – denn dass irgendetwas passieren wird, steht fest, und dann muss man dabei sein.

Während Lyle immer skeptischer an die Ränder der Gesellschaft abdriftet, bleiben jedoch einige stabile Elemente bestehen, die ihm ein gewisses Gefühl tröstlicher Vertrautheit geben. In diesem haltlosen Universum, in dem gerade das Vertrauteste plötzlich zwielichtig erscheinen muss, spielt das Motel die Rolle eines Fixpunkts. Seine nüchterne Form und einfache Funktionalität sind eine Garantie, die uns die Standardisierung freudig entgegenhält: die Garantie für eine zwar triviale aber verbindende Kontinuität in einer Welt, in der sich alles Neue auf einen unmittelbaren, werbewirksamen Effekt beschränkt, der alsbald verpufft. »Das sinnliche Vergnügen an Banalem war ein Thema, das die eingehendste Untersuchung verdiente«,[25] unterstreicht DeLillo und weist so darauf hin, dass die Exegese des Alltagslebens die einzige ernst zu nehmende Aufgabe für all diejenigen bleibt, die nicht mehr an die großen sozialen und nationalen Erzählungen glauben, bei denen die beharrlichen Appelle nicht mehr verfangen, mit denen ihnen ein unerschütterliches Bekenntnis zu erlösenden Allgemeinplätzen abverlangt wird, und die den Worthülsen keinen Glauben mehr schenken können, die ihnen als Rechtfertigungen ihres eigenen Lebens vorgesetzt werden. Die Nachforschungen, die sich auf der Ebene der Krimihandlung ereignen, dienen also womöglich nur als Vorwand, um letztlich sehr viel eingehender dem letzten Geheimnis nachspüren zu können, das es heute noch zu lüften gilt: dem Alltagsleben.

Aus dieser Perspektive steht die Vorliebe der Figuren für landestypische Gebäude (Motels, Diners etc.) für ihr vollständiges Desinteresse an den sinnstiftenden Zielen der Gesellschaft (Erfolg, Profit etc.). Die gesteigerte Aufmerksamkeit für die kleinsten Details des gewöhnlichen Lebens und die undramatische Wertschätzung alltäglicher Momente und Orte geht unmittelbar mit der Vernachlässigung sozialer und moralischer Normen einher. Die Erfahrung einer im Motel verbrachten Nacht wirkt fast wie eine Rousseau'sche Träumerei: die Rückkehr zum Gefühl der eigenen Existenz, die wiedergefundene Intimität mit einem Ich, das sich vom Sozialen, seinen Regeln und Weisungen distanziert hat. Hier empfindet das Subjekt die gewöhnliche Geschlossenheit dessen, was keinen Sinn hat und folglich keinerlei Fürsorge einfordert. Für Lyle hat die Erfahrung dieser Bedeutungslosigkeit einen buchstäblich erquickenden Wert:

> *»Er mochte Motels, ihre neutralisierende Seite, die leere Autonomie, die sie boten, eine Befreiung von irgendeinem unbestimmten Imperativ, vielleicht von der Notwendigkeit, den eigenen Status zu verifizieren.«*[26]

Die Erfahrung, die man in einem Motel machen kann, oszilliert somit zwischen dem Verzicht auf jeden sinnstiftenden »Imperativ« der Gesellschaft, wodurch sie die Bedingungen für eine totale Autonomie, für eine Rückfaltung der fenster- und türlosen Monade auf sich selbst überhaupt erst herstellt, und einer wiederholten Selbstbestätigung der eigenen Existenz, als könnte der sich allmählich einnistende Zweifel an der Umgebung nur durch die Versicherung besänftigt werden, schließlich doch ganz man selbst zu sein. Ein Selbst jedoch, das jeder Möglichkeit entsagt hat, als das erkannt zu werden, was es ist; ein Selbst, das sich angesichts dieser Verweigerung von Anerkennung lieber aus dem Staub macht und jede persönliche Identität abstreift, um sich nackt und leer als reines Bewusstsein zu erfahren, das sich nicht mehr selbst definieren kann. Als Cogito ohne Ego kann Lyle allein dadurch »seine eigene Situation überprüfen«, dass er sich von jedem Glauben an das, was ihn umgibt, freimacht: seine Familie, seine Freunde, seine Aufgaben. Von jeder Identitätserklärung befreit, erfährt er sich als reines Ich, entbunden von jeder Selbstdarstellung, denn ein Selbst, und das weiß er ganz genau, beinhaltet immer auch die Weise, in der die anderen es mitbestimmen und aus dem Abstand sein Bild mit festlegen. Der Motelmensch wählt also nicht aus Mangel an Alternativen, sondern aus freier Entscheidung die Anonymität. Ohne sich lange bitten zu lassen, übernimmt er die »Psychologie der Verstellung«[27] und streift sich seine neue Rolle wie einen Handschuh über, ohne äußere Spuren dieses Übergangs zurückzulassen.

Das abrupte Ende des Romans lässt jedoch darauf schließen, dass der Wunsch nach dem sozialen Verschwinden, das abschließend durch die Abschottung im Motel symbolisiert wird, nicht vollständig aufgehen kann. Die Alltagswelt ist eben doch nicht jenes Refugium des Sinnlosen und der klaffenden Unwissenheit. Vom Hafen des Friedens wandelt sich das Motel so wieder zum Ort diffuser Unruhe schlechthin. Von nun an wird die Sehnsucht nach dem totalen Aufgehen im Gewöhnlichen gerade hier ihr Ende nehmen. Gleichwohl deutet DeLillo die Möglichkeit einer Art Friedensschluss zwischen dem Menschen und seinem Aufenthaltsort an. In der Schlussszene des Romans lässt er die namenlose Gestalt verschwinden, die in dem Licht »kaum zu erkennen ist«, welches das Zimmer durchflutet und Körper und Ort in einer »leuchtenden Reinigung« ineinander aufgehen lässt, als würden zwei an sich belanglose Elemente auf natürliche Weise miteinander verschmelzen. Auf die Innenräume des Motels, die »nichts mehr« »erklären, bedeuten, repräsentieren«, antwortet die »aufgestützte Gestalt«, die gleichermaßen leer und fahl ebenfalls ihre »Fähigkeiten und Wesenszüge abstreift«.[28] Das Gebäude ohne Eigenschaften versöhnt sich mit dem Menschen ohne Identität.

Durch die Anonymität, durch die Fähigkeit, sich zugleich in Szene zu setzen und zu verschwinden, gewinnt der Stadtmensch einen Moment lang seine Freiheit zurück, und bei seiner schon fast mythischen Rückkehr zu einer Intimität, die er sich trotz allem bewahrt hat (eine ganz persönliche und nicht vorgeprägte Mythologie, ein Kopfkino), scheint es ihm beinahe so, als habe er den Knoten sozialer Bürden tatsächlich lockern können.[29] Da er sich über die praktische Unmöglichkeit, in totaler Autonomie zu leben und den Verpflichtungen des Gruppenlebens ganz zu entfliehen, vollkommen im Klaren ist, bleibt ihm als einzige Möglichkeit, seine Freiheit in seiner Individualität zu erfahren, tatsächlich nur diejenige, *sich tot zu stellen*. Sein Ziel ist nicht die soziale oder intersubjektive Anerkennung. Der Blick des anderen greift in die Herausbildung seiner sozialen Würde nicht mehr ein. Da ihm bereits durch die anderen sein Platz zugewiesen worden ist, verspürt er nicht das Bedürfnis, über intersubjektive Grundbeziehungen Zugang zu der Menschengemeinschaft zu erhalten, so als wäre er allein geboren. Vielmehr war er immer schon ein anderer, noch bevor er er selbst geworden ist. Weil er also vom anderen aufgezogen, unterrichtet und anerkannt worden ist, versucht er nun ganz im Gegenteil ihm zu entfliehen; und zwar nicht indem er zum unmöglichen Leben eines selbstgenügsam in der Wildnis existierenden Egos zurückkehrt, sondern indem er sich in der Kompromisslösung einer Gemeinschaft ohne Zusammenhalt einrichtet. So wie es eine Positivität der Anonymität gibt, die unseren sozialen und urbanen Beziehungen einen gewissen »Komfort« verleiht, gibt es auch einen sozialen Wert des Vermeidens und des Ausweichens vor den anderen, den Goffman als »bürgerliche Unaufmerksamkeit« bezeichnet hat.

Wie die Mitglieder des Netzwerks W.A.S.T.E., Figuren aus Thomas Pynchons Roman *Die Versteigerung von No. 49*, die sich über einen geheimen und nichtstaatlichen Postdienst verständigen und von Motel zu Motel die gesamte kalifornische Küste entlangirren, streben auch die anonym lebenden Menschen allein danach, am Rand des öffentlichen Raums zu leben, ohne ihn dabei in Frage zu stellen oder radikal verändern zu wollen:

> *»Das war kein aktiver Verrat, möglicherweise nicht einmal ein Zeichen ihrer Verachtung. Aber es war ein berechneter Rückzug vom Leben der Republik und seinem Räderwerk. Was immer ihnen auch verweigert wurde, sei es aus blankem Haß oder dadurch, daß man ihre Stimmen ganz einfach überhörte, ihnen Fallstricke legte oder sie ganz einfach nur nicht beachtete – dieser Rückzug gehörte ihnen allein, es war ihr eigener, privater Rückzug, der nicht an die große Glocke kam. Da sie sich unmöglich in ein Vakuum zurückgezogen haben konnten (wie sollte so was auch möglich sein?), mußte es eine von der gewöhnlichen streng getrennte, schweigende Welt geben, die keiner vermuten würde.«* [30]

Mit einem vollendeten Talent für Ausweichmanöver, für diesen »eigenen, privaten Rückzug, der nicht an die große Glocke kam«, von dem Pynchon hier spricht, sucht der anonyme Mensch unablässig die *Verkennung* des anderen. Berauscht von seiner nach außen zur Schau gestellten Unpersönlichkeit, süchtig nach der Anonymität glaubt der Motelmensch, sein Ich dadurch bewahren zu können, dass er seine soziale Persönlichkeit opfert.

In diesem paradoxen Zustand der Trennung von seinem Alter Ego, das so all seiner Gründungsmacht enthoben ist, liegt die Sozialität, die dem im Stadtuntergrund Lebenden eignet. Einerseits kann er dem anderen kein Vertrauen mehr schenken, andererseits kann er in einer Isolation, die ihm Selbstliebe und Selbstgenügsamkeit abverlangt, aber auch nicht überleben. Die verbergende Nachahmung bietet ihm noch die lebbarste Möglichkeit, die Vorteile gegenseitigen Schutzes und persönlicher Befriedigung gleichermaßen miteinander zu versöhnen. Da er in einem vorgegebenen Kontext gefangen ist, simuliert er soziale Interaktionen mit so großem Talent, dass jede komplexe Situation plötzlich spielerisch wird, selbst die Tragödie der Trauer. Der Stadtmensch lebt die unwahrscheinliche Situation einer beziehungslosen Solidarität, einer Bindung zu den anderen, die nicht auf Wechselseitigkeit beruht, und sei es nur die eines Blicks. Er braucht die anderen, aber ohne es sie wissen zu lassen. Mehr als an allem anderen hängt er am sozialen Raum, jedoch nur insoweit, wie der soziale Raum nicht mehr von ihm abhängt. Sein Interesse an der städtischen Welt entspricht dem Desinteresse der Stadt und ihrer Bewohner an dem, was er ist, was er tut.

Durch das Inkognito entwischt der anonyme Mensch den sozialen Regeln folglich nicht *von oben* (Rebellion), sondern *von unten* (Verrat). Seine List oder seine Abtrünnigkeit, was auf dasselbe hinausläuft, besteht darin, den anderen in dem Glauben zu lassen, dass sie beide zu demselben System wechselseitiger Zwänge gehören, ohne es ihm aber ins Gesicht sagen zu können. Treulos wie er ist, genießt er zwar die Freuden von Verträgen und Verpflichtungen, ohne aber deshalb auf den Gedanken zu kommen, selbst in seinem eigenen Namen an sie gebunden zu sein. Als anonymer Geber hat er durchaus Anteil am sozialen Feld, beugt sich den institutionellen Regeln und bleibt alles in allem fügsam, jedoch verbirgt er sich schützend hinter seiner Kennzahl, als habe er Angst, dass man seine Handlungen bis zu ihm selbst zurückverfolgen könnte. Er kann der Gemeinschaft sein Blut, sein Sperma, seine Arbeit geben, niemals aber seinen Namen. In gewisser Weise kommt seine Anonymität seiner Unverantwortlichkeit und Enthaltung entgegen: Der unbekannte Mensch will zwar in der sozialen Welt wirken, doch ohne die Konsequenzen dafür zu tragen. Die Anonymität ist seine eingefleischte »Böswilligkeit«, seine Weise, sich in das Netz sozialer Beziehungen einzuschleichen, ohne auf sie zu antworten.

Wie ein Verräter, der ein doppeltes Spiel spielt und mit doppelter Zunge spricht, will der anonyme Mensch maximalen Profit aus sozialen Situationen ziehen, wobei er stets darauf bedacht ist, nicht dazu gezwungen zu sein, die Karten auf den Tisch zu legen. Als Spion im Dienste seiner selbst, der weniger damit beschäftigt ist, dem anderen aufzulauern, als vielmehr damit, sich selbst vor den Nachforschungen der anderen zu schützen, gibt sich der anonyme Mensch lediglich durch seinen Rückzug preis, akzeptiert das Spiel und seine Regeln, folgt dabei aber im Grunde einer ganz anderen Strategie. Diese extreme Spannung, die zuweilen eine Art alltäglicher Schizophrenie zur Folge hat, insofern er unablässig von einer Verhaltensweise zur anderen springen muss, ist wohl der beste Beweis für seine zutiefst ambivalente Haltung gegenüber der sozialen Welt: echte Teilhabe, aber ohne Einwilligung oder Unterstützung. Er ist wie ein Funktionär, der sich hinter seinem Schalter und seiner Funktion verschanzt und von dieser anonymen Position aus, die sich lediglich als ein Rädchen im großen Getriebe versteht, seinen Kunden gegenüber sehr unangenehm werden kann, ohne darüber persönliche Scham zu empfinden.

Aufgrund der außergewöhnlich starken technischen und sozialen Abhängigkeit all seiner Bedürfnisse und Gelüste, der Klassifizierung noch seiner kleinsten Tätigkeiten und Handgriffe (wobei die elektronische Datenverarbeitung die unmittelbare Registrierung aller Spuren, die das Selbst hinterlässt, und den sofortigen Datenabgleich noch verstärkt) wird der heutige Mensch beherrscht, kontrolliert und angepasst wie nie zuvor in der Menschheitsgeschichte. Das Individuum, erklärt Georg Simmel in seinem für die phänomenologische Philosophie der Urbanität wesentlichen Artikel *Die Großstädte und das Geistesleben* (1903), hat den Anspruch, »die Selbständigkeit und Eigenart seines Daseins gegen die Übermächte der Gesellschaft, des geschichtlich Ererbten, der äußerlichen Kultur und Technik des Lebens zu bewahren«. Aber wie kann das Individuum in seiner belanglosen Besonderheit jene Gleichung lösen, die einerseits Selbstbehauptung und andererseits notwendige Fügung in die Tatsache, dass sich die anderen permanent in sein Leben mischen, gegeneinander aufrechnet? Anstatt erbittert zu rebellieren oder resigniert die Einsamkeit zu suchen, zwei Wege, die beide eine totale Autonomie voraussetzen und danach verlangen, sein Schicksal vollständig in die eigenen Hände zu nehmen, stellt die Anonymität für die meisten die am wenigsten kostspielige Lösung dar: Wenn der technische und soziale Zwang, der ständig auf dem Städter lastet, aus ihm ein folgsames, zivilisiertes, normalisiertes Wesen macht, dann kann niemand mehr sagen, ob er *so oder so* ist, da niemand mehr weiß, *wer* er überhaupt ist.

Der Motelmensch verbirgt sich also hinter seiner Uniformität, die, indem sie seine Verschiedenheit auslöscht, auch jede mögliche Vereinnahmung ausschließt. Er wird glatt und ungreifbar wie ein Kieselstein, der der sozialen Apprehension aus den Händen gleitet. Im Kontext verallgemeinerter sozialer Interaktion stellt die Anonymität so die einzige Möglichkeit dar, sich der Gemeinschaft mit ihrem Bündel an Verpflichtungen und Rechtfertigungen im Alltag zu unterwerfen und sich dabei dennoch diesseits der Gemeinschaft einen privaten Raum freier Möglichkeiten vorzubehalten. Seinen öffentlichen Protesten zum Trotz empfindet der urbane Nomade diese Situation nicht als Geißel, sondern als Chance: durch die Maschen des sozialen Netzes schlüpfen zu können, um den anderen zu entwischen, und dabei doch jeden Tag mit ihnen zu verkehren. Lässt er auch nicht eine Gelegenheit aus, um die Möglichkeit einzufordern, ganz offen seine Individualität leben zu können und folglich nicht auf die Parameter reduziert zu werden, die die soziale Normalisierung ihm auferlegt, so sollte man sich dennoch nicht von diesem Anspruch auf Anerkennung täuschen lassen: Den anderen weiszumachen, dass sie ebenfalls ohne Hintergedanken dieser großen Messe kollektiver Selbstentblößung beiwohnen können, ist nur ein weiterer Trick in seinem Ausweichmanöver, mit dem er gegenseitigen Zwängen aus dem Weg geht. Unter diesen Bedingungen einer allgemeinen Nicht-Entsprechung von Sein und Schein wird die Irrfahrt zu einer positiven Möglichkeit: sich davonstehlen, ohne gesehen zu werden. Da sie die Individualität aufhebt, ermöglicht die Anonymität dem Umherirrenden den Ausdruck seiner Freiheit und eröffnet Raum für Begegnungen, die der unmittelbaren Überprüfung durch intersubjektive Normen entzogen sind.

Gerade das technologische und bürokratische System der Ortung, Zählung und Identifizierung, welches das soziale und persönliche Leben bis ins letzte Detail hinein organisiert, so dass die geduldig verinnerlichten Normen gegenwärtig schon nicht mehr wie *Normen* wahrgenommen werden, sondern wie *Gewohnheiten*, ermöglicht jedem Einzelnen, eine anonyme Haltung einzunehmen. Das Nummer, Position, Abkürzung gewordene Individuum kann sein intimes Sein von den äußeren Kennzeichen seiner Identität abtrennen. Dabei kommt es durchaus auf seine Kosten. Die einzige Weise, die auf ihm lastenden normativen Zwänge zu ertragen, besteht in der Tat darin, seiner Umgebung einzureden, dass diese Zwänge ihn schon vollständig ausgelöscht und seiner eigenen Substanz beraubt haben. Um fliehen zu können, muss er zuerst seine Kerkermeister davon überzeugen, dass er eigentlich schon gar nicht mehr da ist. Wie der unsichtbare Mann, der sich allein durch die Suggestion seines Verschwindens befreit, glaubt er ausbrechen zu können, indem er seine Unterdrücker von seiner vollkommenen Unterwerfung unter ihre Normen überzeugt. Allseits von Bedingungen umstellt, will er in den Augen aller als bedingungsloser Mensch erscheinen. Da er über die Kunst der Rebellion nicht mehr verfügt, wendet er aus Mangel an Alternativen wenigstens den Kunstgriff an, in Vergessenheit zu geraten.

Die politische Position des anonymen Menschen ist gewiss *tragikomisch* zu nennen. Im Herzen der Stadt lebt er seinen Mangel an Freiheit, von dem er insgeheim weiß, dass er ihm nicht entfliehen kann, allein mit der dramatischen Lust, nicht als ein Sklave erkannt zu werden. Die Enthaltung ist sein einziger Weg zur Erlösung. Vorsätzlich klammert er seine persönliche Identität aus, um nicht *als solcher* vom sozialen Zyklopen erfasst zu werden. Namenlos glaubt er, sich den Appellen der Gemeinschaft entziehen zu können. Er ist der Mensch im Allgemeinen, zugleich irgendwer und universell. Nur ein einziges Ziel treibt ihn an: dem anderen keine Rechenschaft mehr zu schulden. Die Enthaltung ist die einzige Form seines politischen Engagements.

In dieser Strategie der allgemeinen Auslöschung des Ichs kann man nur eine einfache Verkleidung der Freiheit sehen, insofern auch das Inkognito noch und für immer auf Gedeih und Verderb den gemeinschaftlichen Normen ausgesetzt ist, die es zu vergessen versucht – oder von denen es vielmehr vergessen werden will. Anders gesagt tut der urbane Mensch nur *als ob*, und die Anonymität entpuppt sich schlussendlich als simple, entzauberte Parodie seiner Befreiung. Gleichwohl bietet sich ihm immer die Möglichkeit, *wirklich* zu verschwinden, sich in Luft aufzulösen und dabei dennoch dazubleiben. Auch wenn die Anonymität die Grenzen seiner Freiheit absteckt, die nicht in Revolte umschlagen kann, sondern sich mit ihren Ketten abfindet, indem sie sie auf tragische Weise für unwahrnehmbar erklärt, ist sie doch nicht nur Knechtschaft. Der anonyme Mensch opfert freiwillig sein soziales Ich, um sein intimes Ich zu retten, und gleicht darin Odysseus, der sich ebenfalls weigert, seinen Rang und Adel preiszugeben. Wie Lyle flieht er nicht, indem er sich aus dem Staub macht (weiß er doch ganz genau, dass es keine Ausflucht gibt), sondern indem er mit der Stätte seiner Knechtschaft *verschmilzt*. Nicht auffallen, nicht im eigenen Namen das Wort ergreifen, sich nicht vorstellen: Das sind die Waffen des anonymen Seins, das die Motels heimsucht und sich wie ein soziales Chamäleon schützt, indem es sich seiner unmittelbaren Umgebung anpasst. *Sich tot stellen*, um *sein Leben zu leben*. Nicht selten kommt es vorher, dass die Totgesagten nur wenige Schritte von ihrem einstigen Heim entfernt leben.

11.

Bezaubernde Entzauberung

»Ich glaube, Menschliches ist mir fremd.«

Edward Hopper

ARCHITEKTUR DES ZWEIFELS. Durch seine Fähigkeit, die Menschen voneinander zu trennen und ihrer sozialen Rollen zu entkleiden, enthüllt uns das Motel in gewisser Weise das Wesen der Gesellschaft. Denn da es tatsächlich immer wieder zu kleineren oder ganz offenen Überschreitungen Anlass gibt (Lärm, Schmuggel, unerwartete Begegnungen, Verbrechen), führt es uns vor Augen, dass die verschiedenen sozialen Ordnungen (ökonomischer, institutioneller oder religiöser Art) trotz ihrer normalisierenden Kraft dieses Leben, das sich in der Überraschung und im Zögern entfaltet, nie ganz vereinnahmen können.

Die Erfahrung des Motels eröffnet so in erster Linie die Möglichkeit, dass sich das Netz der verschiedenen Habitusformen, die unser Leben gewöhnlich bestimmen, ganz plötzlich lockert, um einer existenziellen Instabilität Raum zu geben, die es eigentlich durch Wiederholung und Implementierung bestimmter Lebensregeln in Schach halten sollte. In Erwartung einer umfassenderen Bestätigung ist jede intersubjektive Verbindung in gewisser Weise vorerst aufgeschoben. Darin besteht die Unheimlichkeit (die beunruhigende Fremdheit des Vertrauten), dieser plötzliche Riss in der Gewissheit, dass alles so sein wird, wie es immer gewesen ist, dieser Bruch in unserem blinden und naiven Vertrauen in die Welt, welche unser Tagewerk geduldig bezähmt hat. Sie ist jedoch nicht, wie man manchmal zu voreilig behaupten möchte, ein Einbruch des Furchtbaren in die Heiterkeit des Vertrauten, eine Art *Blue Velvet*-Syndrom des suburbanen Lebensstils, wie man in Anspielung auf den Film von David Lynch sagen könnte. Es ist vielmehr der Moment, in dem das, was uns an unserem Leben vertraut ist, plötzlich aus der starren, aus sedimentierten Worten und Handlungen gebildeten Typisierung ausbricht und zu seiner ursprünglichen Fremdheit zurückkehrt – zu dem also, was zu sein es niemals aufgehört hat, obwohl es nicht mehr so erschien: ein Problem. Aus unserer Sicht entsteht das Unheimliche gerade dann, wenn das Allergewöhnlichste uns seine verborgene Natur enthüllt und uns mit unserem illusorischen Glauben konfrontiert, wir könnten es uns im tagtäglichen Konsum restlos aneignen und am Gängelband führen. Jenseits der mehr oder weniger abgeschmackten Geschichten, die man sich über das Motel erzählt, lehrt uns eine Motelübernachtung vor allem, dass der Alltag beständig darum ringt, im Revier des Unheimlichen Land zu gewinnen, ein Ringen, das in jedem Moment scheitern kann. Da der Alltag unlösbar an das mögliche Aufkommen des Zweifels gebunden ist, ist er Teil der Erschütterung, die unsere Gewissheit angesichts einer unentschiedenen Situation erfährt, in einem Moment der Verwirrung, in welchem unser Urvertrauen in eine Präsenz der Welt und in der Welt (die *Urdoxa*, von der Husserl in *Erfahrung und Urteil* spricht) in tausend Stücke zerbricht und eine Grundstimmung freisetzt, die man getrost als natürlichen Skeptizismus bezeichnen kann.

Durch seine architektonische und soziale Kargheit, die fast alles Empfinden abtötet, liefert uns das Motel den Schlüssel zum Verständnis der urbanen Realität in ihrer ganzen Vielfalt: ein Bereich, in dem sich Beziehungen in oft nur episodenhaften Verbindungen knüpfen und wieder lösen oder lockern, entsprechend seiner nur flüchtigen Frequentation und der widersprüchlichen Interessen, die hier aufeinandertreffen. In der Stadt der Gegenwart herrscht niemals von vornherein Eintracht, da weder Sie noch ich wissen, ob wir, wenn wir gemeinsam eine Straße entlanggehen oder uns auf einem Parkplatz treffen, tatsächlich übereinkommen und unsere Positionen aufeinander abstimmen können. Die Eintracht ist Frucht immanenter Regeln, die wir in der Hitze des Gefechts anwenden, ohne sie je in erklärenden oder gar präventiven Prinzipien formalisieren zu können. Nur eins ist gewiss: Zwar muss es ein Mittel geben, sich mit der Welt zu verständigen, allerdings lässt nichts darauf schließen, dass das, was bis jetzt funktioniert hat, auch morgen noch funktioniert. Es ist wirklich bemerkenswert, dass die Begegnung mit dem anderen trotz der unzähligen Verhaltensweisen, Kodes und Diskurse, die die Menschheit seit Jahrtausenden mit Blick auf ihr geordnetes Fortbestehen als Gruppe oder Gemeinschaft aufgestellt hat, immer noch ein Quäntchen totaler Unbestimmtheit birgt. Wenn ich in einem Vorort von Phoenix nach einem Motelzimmer frage, weiß ich weder, wie die Antwort ausfallen noch was mich in dem Zimmer erwarten wird. Zwar kann ich ausgehend von typischen Situationen immer bereits im Voraus abschätzen, was passieren wird. Jedoch können diese Typen möglicher Verhaltensweisen, die ich für gewöhnlich kenne und anwende, niemals die Brüchigkeit aufheben, die einem *in situ* geschlossenen

Abkommen innewohnt, welches zwei Individuen zu einer vorläufigen Konvention erheben. Im Falle des Motels weigern sich nun sogar die Räumlichkeiten selbst, mir als Führer zu dienen, meine Ängste zu lindern.

Schon seit geraumer Zeit hat sich die in Amerika entstandene suburbane Gesellschaft ganz bewusst dessen entledigt, was seit jeher die Daseinsberechtigung jedes menschlichen Zusammenschlusses war: wechselseitige Absicherung. Zwischen dem sichtbaren Habitus und den Regeln des Alltags muss ein Gleichklang hergestellt werden; dieser Gleichklang aber kann sich niemals im Voraus einstellen – zwar kann letztlich ich allein ihn herstellen, jedoch ohne vorher zu wissen, wie oder warum. Es eignet der Struktur des Motels, dass jede soziale Handlung immer bedeutet, *noch einmal bei null anzufangen,* wofür die bislang gesammelten Erfahrungen zwar eine notwendige, keineswegs aber eine hinreichende und schon gar keine wirksame Hilfe darstellen. Folglich ist es nicht weiter erstaunlich, dass es dem Vorstadtmenschen selbst bei Abnahme sozialer Zwänge (eine Abnahme, die in Wirklichkeit nur das effiziente Gegengewicht zu einer Zunahme von Konsumzwängen ist) nicht mehr gelingt, sein ursprüngliches Vertrauen in die Welt und in andere, sein Vertrauen erwidernde Menschen wiederzufinden.

Wahrscheinlich braucht es keine Nacht in einem Motel an der Grenze zu Idaho, um die fundamentale Instabilität menschlicher Gemeinschaftlichkeit zu erfahren. Doch durch die Banalität seiner desozialisierenden Architektur ist das Motel weder das einfache historische Zeugnis einer neuen marginalen Lebensweise noch das soziale Emblem amerikanischer Popkultur. Im Grunde beschreibt es das westliche Alltagsleben in all seinen erratischen und provisorischen Facetten. In gewisser Weise entblößt es den sozialen Tatbestand in seiner ursprünglichen Prekarität und enthüllt die extreme Ungewissheit, die zu seiner Entstehung führt. Genau betrachtet ist die soziale Welt *auf Pfählen errichtet*. Die Brüchigkeit sozialer Fundamente, die sich nur dank einer imaginären, auf Traditionen und Sitten beruhenden Stütze halten, wird hier allein durch eine Vielzahl oberflächlicher Verankerungspunkte im Boden ausgeglichen. Die Schwäche des Ganzen wird hinter der Vielzahl von Einzelverstrebungen versteckt, so dass die Summe der einzelnen Verbindungen den Eindruck entstehen lässt, es existiere ein allgemeiner Bauplan. Das Fehlen eines sicheren Fundaments wird somit durch eine Häufung lokaler Vereinbarungen ausgeglichen (und durch die überdrüssige Haltung, die sie hervorruft, verdeutlicht eine Motelnacht diese Art von Minimalvereinbarung eindrücklich). Die vervielfachten Interaktionen zwischen Einzelpersonen lassen durch ihre beruhigende Wiederholung auf eine allgemeine Solidarität des Menschengeschlechts schließen. Ob gewollt oder nicht, wirft uns das Motel auf die schwer zu beschreibenden Urerfahrungen suburbaner Sozialität zurück: Vereinsamung und Gleichgültigkeit.

Es ist also keineswegs überraschend, dass dieser Ort ohne Eigenschaften, in dem weder der Raum der Welt noch die menschliche Gemeinschaft wirklich ihren Platz finden, Unbehagen hervorruft; man hält sich hier immer in der Erwartung irgendeines ungewöhnlichen Ereignisses, das die platte Alltäglichkeit stören wird, die sich im Leben partout nicht einstellen will. Zwar arbeitet die Alltäglichkeit unablässig daran, alle Gründe, die Anlass zum Zweifel geben könnten, zu unterminieren, doch statt dadurch eine Gewissheit in die umgebende Welt und ihre Bewohner zu garantieren, tut sie in der Erfahrung einer Motelübernachtung das Ihrige, um die städtischen Gifte der Beunruhigung freizusetzen. Der Zimmernachbar ist nicht aus besserem Holz geschnitzt als das Gebäude. Indem es jede echte Beziehung zum anderen verunmöglicht, macht die Struktur des Motels aus ihm einen Eindringling.

Denken wir allgemeiner über die Genese der Interpersonalität nach, so wird deutlich, dass die Beziehung zu den anderen unablässig von Ambivalenz und Verletzlichkeit geprägt ist. Die meiste Zeit über müssen wir mit dem anderen an Orten zusammenleben, die uns aufgezwungen werden, müssen mit ihm zurande kommen, ohne eigentlich zu wissen, wie wir aus diesem räumlichen Aufeinandertreffen eine echte, dauerhafte soziale Bindung machen sollen. Ein Kommunikationsakt resultiert somit nicht aus dem Wunsch nach gegenseitigem Austausch, sondern vielmehr aus der Ohnmacht, *aus sich selbst heraus man selbst* zu sein; er wurzelt in der unüberwindlichen Unfähigkeit, unsere Wünsche allein und aus eigener Kraft zu verwirklichen. Wir sind also dazu gezwungen, uns einem anderen zuzuwenden, damit er uns dabei hilft und uns dadurch einen Vertrauensbeweis in die Zukunft liefert (ein Vertrauensbeweis, der sich als reichlich paradox herausstellen wird, besteht er doch letztlich darin, die Angst des einen durch die Angst eines anderen zu heilen). Die formalen Rahmen der Interaktion (Sprache, erwartete Verhaltensweisen, gemeinschaftliche Regeln des Grüßens, der Höflichkeit etc.) sind folglich nur provisorische *Notbehelfe*, Bezugspunkte, die aus Mangel an wesentlicheren und beständigeren Mitteln unverzüglich aufgefahren werden können, wenn wir auf das Unverständnis unserer Gesprächspartner stoßen. In seiner

Unsozialität (die keine Asozialität ist) lässt uns das Motel das Wesen der Gesellschaft in ihrer heutigen Funktionsweise erkennen: Brüchigkeit von Beziehungen, Schwäche des Fundaments. Kurze, periodische Kontakte, die zu nichts verpflichten, sich aber augenblicklich erneuern können, ohne dabei sofort ein Gefühl wechselseitigen Zwangs mit sich zu bringen. Die gesamte Anlage des Motels in all ihren architektonischen, sozialen, ästhetischen und ökonomischen Aspekten führt bei den durchreisenden Gästen zu feigem und unentschlossenem Verhalten. Zweifelsohne ist das Zögern das erste soziale Merkmal des Vorstadtmenschen. Ziellos irrt er in den Vororten umher und begibt sich an charakterlose Orte, deren Unbestimmtheit ihn mehr erstaunt als seine eigene planlose Reiserei. Jedoch ist diesem Zögern jedes kritische Aufmerken fremd, das als Ausgangspunkt für eine Problematisierung dienen könnte, für eine Neubefragung dessen, was sich nicht auf dem Weg der Befriedigung und Schließung erreichen lässt.

Eben diese alltägliche Prekarität haben Institutionen, Zusammenschlüsse und Sozialverträge in der gesamten Menschheitsgeschichte nach und nach durch eine rigorose raum-zeitliche Organisation zu besiegen versucht, die aus wechselseitigen Verpflichtungen besteht: Nation, Gesetz, Arbeit, Familie etc. Heute aber scheint sich die moderne Welt definitiv von solchen rigiden Gesetzlichkeiten befreien zu wollen, um auf Teufel komm raus als reine Instabilität erlebt zu werden, um zum Nullpunkt der menschlichen Sozialisierung zurückzukehren, der in einer unentscheidbaren Urbegegnung besteht: Hilfe oder Angriff? Man wird das Gefühl nicht los, dass sich die moderne Gesellschaft selbst mit Leib und Seele der Prekarisierung sozialer Bindungen verschrieben hat, sei es auf der Ebene institutioneller Verträge (Ehe, Wahlrecht etc.) oder sozioökonomischer Strukturen. *Alles Feste geht in Rauch auf, alles Heilige wird profaniert*. Darum befreit die moderne Welt den sozialen Menschen von allen institutionellen oder technischen Schutzschilden, die ihn zugleich mit dem anderen verbinden und gegen ihn immun machen; so lässt sie ihn mit seinem Begehren allein, das keinen Widerhall mehr im Begehren des anderen findet, und wirft ihn schließlich auf die extreme Nacktheit seiner natürlichen Bedürfnisse zurück.

DIE GRAUE MAGIE DES ALLTAGS. Das Aufkommen des Motels markiert zugleich den Beginn der industriellen Konstruktion der Alltäglichkeit, den Übergriff einer Gesellschaft des Massenkonsums auf alle vertrauten Aspekte des Lebens. Schon seit etwa hundert Jahren versucht die Gesellschaftskritik, diesem Trend der Uniformisierung und Simplifizierung der Existenz entgegenzuwirken, indem sie seine mechanisierenden Auswirkungen anprangert. Allerdings wird bei der Erarbeitung neuer alltäglicher Gegenstände und Orte auch eine gewisse präreflexive Kraft der *Umgehung* freigesetzt, die diversen menschlichen Lebensformen eignet. Unter Rückgriff auf diese Kraft kann es gelingen, aus den uniformen und fragmentarischen Elementen, die die Warenwelt bietet, trotz allem Scheinexistenzen zusammenzubasteln. Ein Ort kann noch so gewöhnlich sein, er lässt doch immer noch originellen Aneignungen Platz, die freilich oft als Rechtsbruch auftreten müssen, um die Kruste der gewohnten Regeln entfremdeter Alltäglichkeit zu durchbrechen. Daraus spricht dann nicht das große, strahlende und Nietzscheanische *Ja* zum Leben, sondern allenfalls knappe, kleine, widerwillig gegebene Zustimmungen.

Das Motel, das die Zugehörigkeit zu einem singulären Ort durch die Entscheidung für den geringsten ökonomischen und affektiven Aufwand ersetzt, erhält nur dann einen Sinn, wenn es unmittelbar durch soziale, ästhetische oder politische Intentionen besetzt wird, die über das Wenige, was es zu bieten hat, hinausgehen, um ihm die Dichte echter menschlicher Erfahrung zu verleihen. Die leere Form wird erst dann interessant, wenn die Lebenswelt ihre Anstrengungen darauf richtet, das zu überschreiten, was der standardisierte Raum von ihr erwartet, um etwas zu verwirklichen, was bislang nicht auf der Tagesordnung stand. Der Gehorsam gegenüber dem System der Kommodifizierung kann niemals so total sein, dass er jedes potenziell abweichende Verhalten bereits im Keim erstickt. In dieser Untersuchung des Motels wollten wir im Grunde gerade diese subjektive und soziale *Reterritorialisierung* hervorheben; diese zwielichtigen oder auch ganz harmlosen, immer aber »infraordinären«, scheinbar selbstverständlichen Momente, die in der Zone trivialer Alltäglichkeit nisten, in der das Anekdotische die Oberhand über das Konforme gewinnt und ihm eine Handlungsweise, Blicke, Sätze abringt, die so nicht vorgesehen waren. Auch ohne die historischen Schwingungen und die Spuren der Vergangenheit, lauter Elemente, die das Gebäude zum Palimpsest machen könnten, strahlt das Motel in seiner Selbstbezüglichkeit dennoch winzige Sinneffekte aus, schale, aber doch wiederkehrende Eindrücke, marginale Darstellungen. So wurde bereits gezeigt, dass sich selbst in diese trivialen Orte, die auf den ersten Blick von jeder Form heiligen Schauers unberührt scheinen, immer eine bestimmte Form bunt zusammengewürfelte Religiosität einschleicht, in der Riten und Überschreitungen, Opfergaben und Rechtsbrüche ungeordnet nebeneinanderstehen.

Anhand der exemplarischen Figur des Motels versucht sich die Phänomenologie der Stadt also an einer minutiösen Beschreibung der vielfältigen Erscheinungsweisen, die die städtische Zivilisation in ihrem unausgesetzten Dialog zwischen objektiver Umgebung und subjektiven Verhaltensweisen annimmt. Sodann zielt sie darauf ab, die Strukturen der Alltäglichkeit in ihrer allergrößten Gewöhnlichkeit zu enthüllen. Doch anstatt sich allein darauf zu konzentrieren, diese elementaren Formen des städtischen Lebens zu erhellen, versucht sie außerdem, die Materialität der alltäglichen Tatbestände und Gegenstände, ihre Textur, ihren Geruch, zutage zu fördern, die matten Leidenschaften und die sie begleitenden kleinen Launen, die Missverständnisse und Geheimnisse, die, da sie nicht selten unwillentlich einen Sinn erzeugen, stille Verschwörungen anbahnen. Mit anderen Worten richtet sich ihr Interesse auf die plastische und zerbrechliche Pluralität der Alltäglichkeit. Mit Banalität, Armut, Mobilität, Einfachheit, Irrfahrt, Anonymität werden hier nicht objektive und quantifizierbare Tatsachen oder subjektive und relative Interpretationen bezeichnet, sondern im eigentlichen Sinne relationale Begriffe. Um die relationale Beschaffenheit der Lebenswelt zu analysieren, muss die Phänomenologie der Stadt ihre Aufmerksamkeit auf die vielfältigen alltäglichen Kehrtwenden richten, auf die Entgleisungen des Sinns und hybriden Zusammenstöße, die sich unaufhörlich zwischen einer Funktion und einem Gebrauch ereignen. Sie übernimmt deshalb eine dialektische Methode der Umkehrbarkeit von Gesichtspunkten, des

Objektiven und des Subjektiven. So kann sie etwa eine streng materielle und technische Analyse einer urbanen Situation durchführen, um dann ganz plötzlich ihren Beobachtungsposten zu verlassen und offenzulegen, wie es überhaupt dazu kommen kann, dass ein bestimmter Stoff (Werkzeug oder Gebäude) auf unvorhersehbare Weise erlebt oder interpretiert wird.

Ein phänomenologischer Zugang zur städtischen Alltäglichkeit kann das Motel nicht als einfaches Gebäude betrachten; es ist vielmehr ein Objekt-Subjekt, ein von verschiedenen Köpfen (von seinem Gestalter bis hin zu seinem Gast) besetzter Stoff, in dem sich seine ursprüngliche und unglücklicherweise oftmals gewollte Trivialität mitunter in ein gewisses Entzücken verwandelt, sei es dasjenige eines amüsierten Blicks oder das etwas stumpfere der Betroffenheit. Es handelt sich hierbei nicht um eine letzte Manifestation der Aura, die im Dämmerlicht der *ultima volta* noch einmal theatralisch aufschiene, denn leider hat sie die moderne Kommodifizierung längst endgültig zum Schweigen gebracht, sondern um eine ganz neue, sehr viel prosaischere und farblosere Form der Phantasmagorie: die graue Magie alltäglicher Banalität. Eine Art Zauber des Unbedeutenden, den man in der Erfahrung eines Vorstadtmotels wiederfindet, in den Erzählungen von Shepard und Carver, in den realistischen Gemälden von Goings, Bechtle und Register, in den Installationen von George Segal und Edward Kienholz, in den Fotografien von Friedlander und Shore, in den Filmen von Antonioni, Wenders, Jarmusch. Allerdings sollte man von dieser alltäglichen Aneignung des Banalen, selbst wenn man sie als eine niedere Form magischen Rituals ansieht, keine Wunder erwarten. Im Falle der Motels tut sie im Grunde nichts anderes, als bereits gebrauchsfertig gelieferte

Lebensmomente ihrem beschränkten Geschmack anzupassen. Gleichwohl zerfiele das Alltagsleben ohne sie in Routinen und Plattitüden und würde somit unmöglich.

Es soll hier nicht so scheinen, als wolle ich die Phänomene retten und schließlich ein letztes Quäntchen Sinn an einem Gebäude bewahren, das, noch einmal, an einem niederen Leben Gefallen findet. Doch darf man die Tatsache nicht unterschätzen, dass das Elend der Vorstadterfahrung trotz allem (und ohne diejenigen zu entschuldigen, die dieses Elend vorsätzlich erschaffen) über Nischen verfügt, in denen fragile Werte und vergängliche Eigenheiten bestehen bleiben, Infraqualitäten, die zwar vergilbt und fahl wirken, aber dennoch real sind, Momente des Lebens, die durch ihre Bedeutungslosigkeit vielleicht intensiver und wahrhaftiger von Menschlichkeit zeugen als die vermeintlich großen Momente im Leben (Geburt, Hochzeit, Trauer etc.).

Die moderne Gesellschaftskritik zeichnet allzu oft ein schwarzes Porträt der sozialen Gemeinschaft, in der das menschliche Tun und Lassen in einen Zwangsrahmen eingepfercht scheint, der keinerlei Raum für eine und sei es verzweifelte Initiative lässt, so dass es so aussieht, als seien sie von einem ebenso mächtigen wie erbarmungslosen Automatismus hervorgebracht worden. Die funktionale Rationalität habe den Alltag so vollkommen erobert, dass ihr allein durch bahnbrechende Ereignisse noch entgangen werden könne: Avantgarde-Werke, Feste, Revolutionen. Darum könne ein Ausbruch aus dem Warensystem einzig und allein in der Flucht vor der Alltagswelt in ihrer Alltäglichkeit selbst bestehen. Allein außergewöhnliche und äußerste Taten, die noch die Kraft haben, aus der vereinfachenden Entfremdung auszubrechen, könnten noch ein letztes bisschen Menschlichkeit retten. Diese gängige Beschreibung der diversen Mechanismen zur Erschaffung des heutigen urbanen Raums geriete schnell zu einer von unentrinnbarer Knechtschaft kündenden Erzählung, würde sie nicht gleich wieder durch eine positive Einschätzung der subjektiven Ressourcen abgemildert, mit denen soziale Anforderungen kompensiert oder umgangen werden. Als Gefangener der ihm aufgezwungenen Banalität erscheint der Stadtmensch unfähig zu jeder echten Sozialisierung. Das Motelleben hat uns jedoch die Einsicht ermöglicht, dass sich die menschliche Existenz trotz der unbestreitbar vereinfachenden und gewissermaßen betäubenden Zwingkraft der architektonischen Landschaft oft in unvorhersehbare Richtungen entwickelt, ohne dass diese darum besonders bemerkenswert oder heroisch wären, und die sie umgebende Gleichförmigkeit zu einem Sprungbrett für originelle Handlungen macht, obschon bisweilen um den Preis der Illegalität. Der Widerstand gegen die allgemeine Kommodifizierung ist nicht die glanzvolle Großtat einer außergewöhnlichen Initiative, das Vorrecht der Avantgarde der Gesellschaftskritik, sondern sie ist selbst ein alltäglicher Tatbestand.

Doch soll es auch nicht darum gehen, ins andere Extrem zu verfallen und etwa mit Michel de Certeau das Porträt eines immer schon gewitzten Städters zu zeichnen, der als eine Art Künstler oder Stratege des Alltags die Regeln zu seinen Gunsten anzuwenden weiß und sich von der vereinfachenden Ratio nicht unterkriegen lässt. Die phänomenologische Analyse des Motels in all seinen architektonischen, städtischen, künstlerischen und philosophischen Aspekten bringt uns zu einer anderen Schlussfolgerung. Eines macht sie ganz deutlich: Die Banalität kann nicht objektiv diskutiert werden, solange man meint, sie würde lediglich ärmliche, belanglose und auf eine Unifunktionalität beschränkte Gegenstände hervorbringen, die sich selbst als eine begrenzte Erfahrung ausgibt. Vielmehr versucht die phänomenologische Analyse, auch das beständige Spiel zwischen einer desozialisierenden Umgebung und den menschlichen Erwiderungen zu enthüllen, die sich entweder dem strengen Regiment des Nichts beugen oder es zu ihren Gunsten nutzen, indem sie ihm einen Sinn verleihen, der eigentlich keine Berechtigung hat. Anders gesagt schließen entfremdende Banalität und schöpferische Freiheit einander absolut nicht aus. Die Erfahrungsarmut des modernen Lebens stellt doch noch immer eine Erfahrung voller Potenzialitäten dar, so kümmerlich und schematisch diese auch sein mögen. Folglich sind weder der normative Mechanismus noch die reflexive Emanzipation adäquate Beschreibungsmuster für die reale Situation des Stadtmenschen. Diese erfordert eine Lehre ohne Lehrmeister oder Handbuch, die man zwar mit anderen teilen, jedoch nie an sie weitergeben kann.

In der beschreibenden Phänomenologie der Stadt muss man also beständig das fragile Material des Alltagslebens in Rechnung stellen, darf seine ambivalente Natur niemals vernachlässigen. Die Anatomie des Motels hat uns erlaubt, einen Zipfel des Schleiers zu lüften, der die Produktion des Alltags verhüllt. Wie weicher Teig fügt sich der Alltag scheinbar den natürlichen und sozialen Kräften (den lebenserhaltenden Notwendigkeiten und den Anforderungen von Sozialisierung und Arbeit), die ihn Tag für Tag durchwalken, doch birgt er zugleich Augenblickslösungen und individuelle Tricks, die oft unbemerkt bleiben. Das gewöhnliche Leben ist weder entfremdet noch schöpferisch, sondern hat eine empfindliche Textur, die Gegenteile miteinander verflicht und zu einem komplexen und feinen Gewebe verknüpft. Sie bringt Unterwerfung und Singularität, System und Individuum zusammen und versucht sie zu synthetisieren; auf gewisse Weise versöhnt sie sie oder befriedet sie wenigstens durch ihre unerbittliche Wiederkehr, die alles geschmeidig werden lässt, sogar die Tyrannei des Identischen.

Ausschließlichkeit passt schlecht zum Alltag. So ist das Motel weder einfach nur eine Maschine, die Langeweile produziert (selbst wenn sie tatsächlich Langeweile produziert), noch ein originelles Kunstwerk der Populärkultur (auch wenn man manchmal für seine triviale Schönheit wirklich empfänglich sein kann). Langeweile und Faszination finden sich hier sicherlich gleichermaßen, doch ohne einander den Rang abzulaufen. Generell gesagt bildet jeder Alltagsgegenstand eine Art Pufferzone zwischen der allgemeinen Kommodifikation und den singulären Einzelexistenzen. Sicherlich gibt jeder der Versuchung nach, definitive Urteile über die Alltagswelt zu fällen, und gibt sich dabei nicht mit ihrem hybriden Charakter zufrieden, sondern möchte die Waage immerfort entweder nach der einen oder der anderen Seite hin ausschlagen lassen; und dennoch müssen wir feststellen, dass sich noch der kleinste Alltagsgegenstand durch seine ambivalente Beschaffenheit nur schwer dieser einfachen Logik von Entfremdung und Kreativität beugt. Wenn wir nun von der »grauen Magie« der Erfahrung gesprochen haben, die man in amerikanischen Vorstädten machen kann, dann wollten wir damit nichts anderes beschreiben als diese bunt zusammengewürfelte Beschaffenheit der Alltagswelt, die sich aus dem Schwarz des von der Kultur ausgeübten äußeren Drucks und dem Weiß der vitalen Bejahung des Individuums zusammenmischt.

Zwar gestaltet die Lebenswelt ihre urbane Umgebung auf ihre Weise immer wieder neu und macht sie so jederzeit erträglich, doch möchte man meinen, dass ihr dies noch sehr viel besser gelingen könnte, stünde ihr von Anfang an ein weniger farbloses, fahles und einseitiges Universum zur Verfügung als das der Einkaufszentren, Franchise-Motels und Industriegebiete. Zwar gelingt es ihr immer, der Objektivität des Nichts mit dem ihr unmittelbar zur Verfügung Stehenden einen gewissen Wert zu verleihen; doch würde sie sich nur allzu gern von Zeit zu Zeit ein wenig auf einem sozialen Universum ausruhen können, einer gemeinschaftlichen Sinnstiftung bedenkenlos Vertrauen schenken können und sich nicht permanent dazu gezwungen sehen, von ihrem bescheidenen Platz aus die Risse, die die gegenwärtige Welt durchziehen, notdürftig auszubessern.

the ...
TOWN
LOUNGE
GIFT SHOP
SPORTING GOODS
MOTEL AND CAFE

BELVEDER
MOTEL
VACAN

Erfahrungsberichte

LINDA F., *Angestellte des Bodenpersonals am Flughafen von Chicago: »Was soll ich Ihnen denn darauf antworten. Darüber habe ich noch nie nachgedacht. Sagen wir, dass ich mir nicht groß den Kopf zerbreche und immer das Motel aussuche, das am nächsten am Autobahnkreuz und an den Fastfood-Restaurants liegt. Ich habe bei drei Motelketten eine Treuekarte. Also gehe ich von einem zum anderen und lasse die Konkurrenz spielen. Manchmal bekomme ich einen super Rabatt, sogar in der Hochsaison.«*

WENDELL P., *Händler für John-Deere-Rasenmäher in Arkansas: »Klar, man kann nicht grad sagen, dass es schön ist, aber das stört mich nicht weiter; ich achte einfach gar nicht drauf und damit hat sich's. Es stimmt schon, jetzt, wo Sie's sagen, dass alle Motels gleich aussehen. Aber ich werd ja nicht mein Leben hier verbringen, das billigste Motel ist also für mich das schönste. OK, wenn es kein Kabelfernsehen gibt, gehe ich woanders hin; das ist schon ein Zeichen von Qualität.«*

DONALD T. B., *genannt »Yaz«, Croupier in einem indianischen Casino im Laguna-Reservat in New Mexico: »Beim Fußballspielen mit meinen Neffen hab ich mir das rechte Handgelenk verstaucht. Ich hab eine Krankschreibung für zwei Wochen bekommen. Die nutze ich jetzt, um meine Familie zu besuchen, die im ganzen Land verstreut lebt. Gerade komme ich aus Tempe und bin auf dem Rückweg. Montag früh muss ich wieder auf Arbeit sein.«*

GERALD D., *Pächter eines Motels in Helena, Montana: »Bevor ich hier gelandet bin, hatte ich etliche Berufe. Ich war freischaffender Künstler in Sedona, dann künstlerischer Leiter in einer Werbeagentur von Prescott; aber vor zwei Jahren haben sie mich gefeuert, wegen der Vertriebskrise. Dieses Motel hier führe ich jetzt schon seit elf Monaten, und es läuft nicht schlecht, kann ich Ihnen sagen. Von der Zentraldirektion habe ich die Erlaubnis erhalten, meine Gemälde in den Zimmern auszustellen. Eine Delegation ist aus Seattle gekommen, um zu überprüfen ob sie dem Geschmack und dem Geist des Unternehmens entsprechen. Sie haben ein Bild nach dem anderen untersucht und einen positiven Bericht geschrieben. Ich darf zwar die Preise nicht dranschreiben, aber das hält mich nicht davon ab, meine Kunden diskret wissen zu lassen, dass die Bilder, die in ihren Zimmern hängen, von mir sind und dass man sie kaufen kann.«*

SUZANNE V., *Bedienung in einem Café in Rapid City, South Dakota: »Die könnten echt freundlicher sein, das ist eigentlich alles, was ich von denen will. Wenn ich vor 'nem Kunden mal 'ne Grimasse ziehe, dann heißt es tschüss Trinkgeld. Aber denen ist Trinkgeld scheißegal; die begrüßen dich mit einer Fresse, also da kriegt man's mit der Angst. Grad mal, dass es die nicht ankotzt, dass man ein Zimmer in ihrem beschissenen Motel nimmt. Egal wohin ich gehe, ich passe immer auf solche Sachen auf, das ist halt das Einmaleins in diesem Business.«*

DANIEL A., *Mitglied der Wiedertäufer-Gemeinschaft in Panguitch, Utah: »Die meiste Zeit meide ich solche Orte. Ich übernachte lieber in Pensionen oder privaten Gästezimmern, das ist geselliger. Zumindest kommt man so in direkten Kontakt mit den Leuten und manchmal entstehen dabei echte Bindungen. Auf diese Weise habe ich schon viele Freunde gefunden, in einem Motel aber noch nie. Die betrete ich nur aus Gründen höherer Gewalt. Dann gehe ich früh zu Bett, verstopfe mir die Ohren mit Ohropax und bete.«*

Auf dem Parkplatz hinter dem Motel, vor dem Kofferraum seines schwarzen Kombi, MATTHEW G., *Schlosser, seit sechs Monaten arbeitslos: »Ich fahre Richtung Norden, genauer gesagt nach Milwaukee. Ich hoffe, dass ich dort Arbeit finde. Mein Bruder lebt da mit seiner Frau und seinen zwei Kindern. Sie werden mich eine Zeit lang aufnehmen, aber ich habe nicht vor, mich da ewig festzusetzen. Dafür liebe ich meine Unabhängigkeit zu sehr.* (Schweigen) *Motels? Nein, dazu habe ich nichts Besonderes zu sagen.«*

ANTONIO R., *Leiter der Pressestelle im Bürgermeisteramt von Farmington, Missouri: »Also ich habe eine Vorliebe für Holiday Inns. Die sind immer sauber und in gutem Zustand. Die Deko ist auch nicht schlecht. Ich hätte auch gern ein so schönes und großes Zimmer; aber ich hab nicht die Zeit, um mich drum zu kümmern, und dann kann man auch nicht grad behaupten, dass Heimwerken meine Stärke wäre.«*

SIMON T., *Fernfahrer aus Palm Springs, Kalifornien: »Ich schlafe nur selten in einem Motel. Ich habe ja meinen Lastwagen mit eingebauter Schlafkabine. Mit allem Komfort, dass können Sie mir glauben. Dass Sie mich heute hier antreffen, ist eine absolute Ausnahme. Gestern Abend hat sich mein Klappbett aus der Verankerung gelöst. Unmöglich, es um diese Uhrzeit noch zu reparieren. Also habe ich mir ein Zimmer genommen. Jedenfalls schlafe ich lieber in meinem Lastwagen.«*

Ein Mann in schwarzer Latzhose zieht die Schutzplane über dem Kajak fest, das auf seinem Anhänger befestigt ist: »Ein großer Parkplatz, das ist das Wichtigste. Der Rest ist egal. Aber ein großer Parkplatz, auf dem man leicht rangieren kann, das ist meiner Meinung nach das Wichtigste an einem Motel.«

JEFFREY I. T., *Lehrer für Geschichte und Sozialkunde an einem College in Greensboro, North Carolina und nebenbei Regionalmeister im Schach: »Motels sind ein Inbild der amerikanischen Populärkultur. Sie gehören zu unserem nationalen Kulturerbe, so wie George Washington oder der Ford T. Würden sie verschwinden, würde ein Teil unseres kollektiven Gedächtnisses ausgelöscht werden. Darum müssen wir also alles dafür tun, um diese profanen Ikonen zu bewahren und zu verschönern.«*

JAMES C., *Pharmavertreter, wohnhaft in Des Moines, Iowa: »Wissen Sie, man erzählt einen Haufen Geschichten über Motels, Drogen, Prostitution und das alles, aber während der dreißig Jahre, die ich auf Geschäftsreisen bin, ist mir niemals irgendwas Ernsthaftes passiert. Einmal in Las Cruces, da hatte ich Schiss. Es war 11 Uhr nachts, ich hatte gerade das Licht ausgemacht. Und da fängt der Typ nebenan an, einen Höllenlärm mit einer Kreissäge zu veranstalten. Jawohl, eine Kreissäge! Der Rezeption wollte ich das nicht melden. Die hätten eh nur die Bullen gerufen. Mit den Sirenen und dem ganzen Radau hätte es mindestens zwei Stunden gebraucht, bis ich endlich im Bett gewesen wäre. Also bin ich zu dem rübergegangen. Dieser Idiot war dabei, eine Stuhllehne abzusägen. Das sei bequemer zum Fernsehgucken, hat er mir gesagt. Der war nicht größer als einsvierzig.«*

RICHARD M., *Fußballtrainer an der Universität von Boise, Idaho: »Ich suche mir immer ein Motel mit Swimmingpool. Es kann noch so viel Komfort haben, Kabelfernsehen und schönen Ausblick, wenn es keinen Pool gibt, nehme ich es nicht. Für die Kinder kommt der Pool vor allem anderen. Sie toben sich zwei, drei Stunden lang richtig aus und schlafen danach wie die Murmeltiere.«*

MARGARET A., *Buchhändlerin, Journalistin und Mitglied der freiwilligen Feuerwehr in Cortez, Colorado: »Mein Onkel Wayne führte gemeinsam mit seiner zweiten Frau ein Motel im Süden von Nebraska. Mit meiner Schwester Rachel bin ich jeden Sommer die Ferien über dahin gefahren. Das war toll. Der Pool, das Gärtchen mit der Schaukel, die leeren Zimmer, in denen wir Verstecken gespielt, uns Geschichten erzählt, Fernsehen geschaut haben. Für uns war das ein bisschen so wie das Schloss von Cinderella. Aber Wayne bekam Hautkrebs und das Motel hat zugemacht.«*

23.15 Uhr, vor dem Eisfach. RUSSELL T., *21 Jahre alt, Surfer und Gelegenheitsstudent der Politikwissenschaften an der Universität von San Diego: »Es ist cool. Ich find die Stimmung super. Niemand da, um dich anzunerven. Du bringst dein Bier mit, deine Chips und deine Kumpels, das ist echt Spitze für jede Party. Auch die Mädels kommen echt gern. Die macht der ganze Blödsinn über das organisierte Verbrechen und Polizeirazzien echt heiß. Die brezeln sich auf bis zum Gehtnichtmehr.«*

Die Baseballmannschaft von Alamogordo, New Mexico, macht sich in den Außengängen des Red Roof Inn in Santa Fe bereit. CARLOS, *ihr Teamchef, Konditionstrainer und Guru, massiert einen seiner Spieler unten an der Treppe: »Ich nehme immer sechs Zimmer in der ersten Etage, alle nebeneinander; so kann ich meine Jungs überwachen. Wenn sich einer unbemerkt davonschleichen will, krieg ich das sofort mit und erwisch ihn. Wir sind hier nicht zum Partymachen. Die Party kommt erst nach dem Match, und nur wenn wir gewinnen.«*

PIERRE *ein französischer Tourist in Begleitung seiner Frau Claire: »Am Anfang ist es schon ein bisschen komisch.* Check in, check out, *die Autobahn gleich daneben, das ständige Kommen und Gehen. Aber man gewöhnt sich dran. Übrigens ist es eher sauber und ruhig. Manchmal meint man, man sei in einem Film, das ist verrückt. Die Schlitten, die Sirenen und außerdem haben die alle Schauspielervisagen, finden Sie nicht?«*
SEINE FRAU, *»Mit den Coupons kann man sich leicht zurechtfinden, aber jedes Mal sagt mir die Person an der Rezeption, dass ich nicht so aussehe wie auf dem Foto in meinem Pass.«*

SAMUEL B., *Berufspianist in Amherst, Massachusetts: »Als Künstler lasse ich keine Gelegenheit aus, um im Alltagsleben meine Inspiration zu suchen. Ich habe diesen Ort immer geliebt und ich komme so oft hierher, wie es mir meine Reisen erlauben. Ich muss gestehen, dass mich die Banalität des Gebäudes inspiriert. Es ist sachlich und klar. Das Motel ist für die Architektur, was ein Stück von Cage für die Musik ist.«*

CATHERINE R., *Witwe, Mutter von drei Kindern, arbeitslos: »Ich komme von der Beerdigung meines Schwagers in Baltimore. (Ich: Mein Beileid.) Oh! Das ist wirklich nicht nötig. Ich hatte schon seit gut 15 Jahren keine Nachricht mehr von ihm. Ich wollte vor allem meine Schwiegereltern und ein paar Freunde im Osten besuchen. Na ja, wenn jemand stirbt, berührt es einen ja doch immer irgendwie. Ich will jetzt schnell wieder zu mir nach Hause nach Simi Valley und zurück in mein ruhiges Leben, in dem ich solche Dinge gut verdrängen kann.«*

Anmerkungen

1 Georg Büchner: *Danton's Tod*, in: ders.: *Sämtliche Werke, Briefe und Dokumente*, Bd. 1: *Dichtungen*, hg. v. Henri Poschmann, Frankfurt a. M. 1992, S. 11–90, hier: II, 1, S. 38.

2 J. Jackle, K. Sculle, J. Rogers, *Motel in America*, Baltimore & London 1996, S. 19.

3 Vgl. Augustin Berque: *Les raisons du paysage. De la Chine antique aux environnements de synthèse*, Paris 1995.

4 Michel Foucault: »Andere Räume«, übers. v. Walter Seitter, in: Karlheinz Barck u.a. (Hg.): *Aisthesis. Wahrnehmung heute oder Perspektiven einer anderen Ästhetik*, Leipzig 1992, S. 34–46, hier S. 45.

5 Don DeLillo: *Spieler*, übers. v. Matthias Müller, Reinbek bei Hamburg 1995, S. 211f.

6 Robert Venturi, Denise Scott Brown und Steven Izenour: *Lernen von Las Vegas: Zur Ikonographie und Architektursymbolik der Geschäftsstadt*, Gütersloh 2003.

7 Simone de Beauvoir: *Amerika. Tag und Nacht, Reisetagebuch 1947*, Reinbek bei Hamburg 1988, S. 145.

8 Oft hat man den Bildern aus der Werbewelt vorgeworfen, sie würden die Phantasie der Menschen, die ihren Verführungstechniken unterliegen, verarmen lassen und ihren ästhetischen und affektiven Erfahrungsschatz auf eine Abfolge von Stereotypen reduzieren. Doch verfügt das Stereotyp über einen entscheidenden Vorteil gegenüber einer persönlichen Darstellung. Es wirkt

nicht nur beruhigend, weil es ein allgemein akzeptiertes Bild liefert, sondern es begünstigt oft auch eine gewisse Interpretationsfreiheit, die ein ausgearbeiteteres Gemälde verbietet. Durch die geschickte Komposition oder Bildkraft eines persönlichen Werks ist die Phantasie manchmal blockiert. Sie muss alles mit dem Werk teilen, in es eintreten, mit ihm verschmelzen. Seine Schönheit und Größe können lähmend auf sie wirken. Das simple und minimale Stereotyp jedoch zwingt der Wirklichkeit keine singuläre Darstellung auf. Es liefert ein paar allgemeine rudimentäre Elemente und überlässt es dann dem Betrachter, seine eigene Erzählung zu konstruieren. Auch Kinder spielen oft lieber mit Konservenbüchsen, Tupperware-Dosen oder Streichhölzern als mit teuren und komplexen Spielzeugen.

9 Jackle, Sculle, Rogers: *Motel in America*, a.a.O., S. 324. Heutzutage scheint mir die fast schon hysterische Leidenschaft für Innenausstattung und für das Heimwerken weniger ein praktischer Einwand gegen das Verschwinden des Zuhauses zu sein als vielmehr sein Symptom. Wenn der Lebensdrang zu schwinden und unweigerlich seine inneren Kräfte zu verlieren beginnt, vervielfachen sich sekundäre Unrast und periphere Schocks.

10 Vgl. Nels Anderson, *Le Hobo. La sociologie du sans-abri*, Paris 1992 (Original: *The Hobo. The Sociology of the Homeless Man*, Chicago 1923).

11 Ebd., S. 94.

12 Ebd., S. 112.

13 Ebd.

14 Raymond Carver, *Vitamins*, 1983 (»Vitamine«, in: ders.: *Kathedrale. Erzählungen*, Berlin 2001).

15 Siegfried Kracauer: »Erinnerung an eine Pariser Straße«, in: ders.: *Straßen in Berlin und anderswo*, Frankfurt a. M. 2009, S. 9–16, hier S. 10.

16 James Crumley, *Whores*, 1988 (»L'esprit de la route«, in: *Putes*, S. 195).

17 Der Flaneur kann seinen Anker auswerfen und sich in der Stadt treiben lassen, weil er schwimmen gelernt hat. Seine Ohnmacht und Passivität angesichts

des Fremden sind das stärkste Zeichen seiner Beherrschung. Er ist derjenige, der vorübergehend vergessen kann, was er von der Stadt und den anderen weiß: »Der Flaneur oder der Passant ist also ein Zuschauer, der beständig von seiner Urteilskraft absieht und der im Gegenzug fähig und unter bestimmten Umständen sogar dazu angehalten ist, das auszuklammern, was ihn nichts angeht, die Anwesenheit von nicht gebilligten Teilnehmern auszublenden.« Isaac Joseph, *La ville sans qualité*, Paris 1998, S. 61.

18 Aufgrund dieser permanenten Desorientierung des Raums greift die Motelanlage auf die List übertriebener Ausschilderungen zurück. Ein gelb gestrichener Bordstein signalisiert den Fahrern, die ihre Autos sonst vielleicht mit aufs Zimmer genommen hätten, die Begrenzung ihres Parkplatzes. Wie eine echte urbane Geometrie rationalisieren und formalisieren Zeichen, Linien, Nummern überall den das Gebäude umgebenden Leerraum.

19 Vgl. Barnaby Conrad III: *John Register. Persistent observer*, San Francisco 1999, S. 162.

20 Max Horkheimer; Theodor W. Adorno: *Dialektik der Aufklärung. Philosophische Fragmente*, Frankfurt a.M [16]2006, S. 128.

21 Ebd.

22 Dabei liegt uns die Idee, die epikureische Ethik sei eine Ethik des Konsums, vollkommen fern. Wir finden nur wenig Gefallen an Anachronismen. Nur die Konzeption der Lust, die sich der moderne Konsument verschafft, scheint uns in erstaunlicher Nähe zu derjenigen zu stehen, die der Gartenphilosoph vor mehr als 25 Jahrhunderten gelehrt hat. Es herrscht dasselbe *apolitische* und *akosmische* Weltbild: die von jedem Schmerz befreite Erleichterung. Hannah Arendt hat das ganz richtig gesehen: Der Hedonismus ist eine Moral für ein Zeitalter, in dem die gemeinschaftliche und öffentliche Welt keinerlei Sinn mehr hat.

23 In ihrem Tagebuch, das sie während ihrer Reise durch die Vereinigten Staaten 1947 führte, vergaß Simone de Beauvoir nicht, auf folgende Tatsache hinzuweisen: »Las Vegas funkelt im Lichterglanz. Auch hier bekommt man nur

schwer ein Zimmer, aber schließlich finden wir welche in einem *motel*, das nach Tamarinden und Mimosen riecht. Man vermietet uns ein ganzes Häuschen, zwei Zimmer, Baderaum, Küche. Es fällt mir auf, dass in diesen Übernachtungsgelegenheiten nie Papiere verlangt werden: niemand weiß, wann du kommst, wann du gehst und ob du Besucher mitbringst. Es gibt viele Wege, der amerikanischen Sittenstrenge ein Schnippchen zu schlagen.« (*Amerika Tag und Nacht*, a.a.O., S. 157).

24 Diesen Ausdruck benutzt Descartes in einem seiner ersten Texte, die wir von ihm kennen, den *Cogitationes privatae*: »Wie Schauspieler, die eine Maske tragen, damit man ihr Lampenfieber nicht bemerkt, so werde auch ich eine Maske tragen, wenn ich in dem Theater dieser Welt, in dem ich bislang nur Zuschauer gewesen bin, meinen Auftritt habe.«

25 DeLillo: *Spieler*, S. 81.

26 Ebd., S. 198.

27 Ebd., S. 194.

28 Ebd., S. 214.

29 Colette Pétonnet: »L'anonymat ou la pellicule protectrice«, in: *La ville inquiète. Le temps de la réflexion*, VIII, 1987, S. 249: »Die Anonymität liegt im Herzen des urbanen Phänomens. Es beherrscht die öffentlichen Orte als Beschützer eines jeden, des nicht enthüllten Selbst: eine für das Zusammenleben von Millionen von Bewohnern ebenso notwendige Bedingung wie die vorhergehende.«

30 Thomas Pynchon: *Die Versteigerung von No. 49*, übers. v. Wulf Teichmann, Reinbek bei Hamburg 1973, S. 136f.

Die in dieser Ausgabe reproduzierten Fotografien stammen vom Autor.

Simon Rothöhler

The West Wing

96 Seiten • Broschur • ISBN 978-3-03734-212-1 • € 10,00 / CHF 12,50

Sieben Seasons dauerte die Präsidentschaft von Josiah »Jed« Bartlet: Wirtschaftsnobelpreisträger, Foucault-Leser und, da von Martin Sheen gespielt, New-Hollywood-Ikone. In »The West Wing« regieren Aaron Sorkins Hochgeschwindigkeitsdialoge: Exekutivgewalt ist keine *One Man Show* und die Deputies haben sowieso Starpotential. Im Modus des Kontrafaktischen wird US-Politik umgeschrieben, während draußen schon die Bush-Doktrin wütet. Auch vor dem Hintergrund des aktuellen »Decline« stellt sich hier die Frage nach der Erzählbarkeit demokratischer Praxis.

Daniel Eschkötter

The Wire

96 Seiten • Broschur • ISBN 978-3-03734-210-7 • € 10,00 / CHF 12,50

Baltimore, Maryland, USA. David Simon, ehemaliger Polizeireporter der »Baltimore Sun«, und Ed Burns, 27 Jahre Polizist und Lehrer in Baltimore, haben die Stadt zur Protagonistin gemacht. Ihre Serie, »The Wire«, das sind 60 Stunden Gesellschaftsanalyse, investigativer und parteiischer Journalismus, Neuerfindung des TV-Krimis. Das Sprechen der Straße und das Versagen der Institutionen, Straßendealer und Drogenbosse, Hafenarbeiter und Mordermittler, Crack-Addicts und Bürgermeister, Schulkinder und Zeitungsveteranen: It's all in the game. It's all in »The Wire«.

Tom Holert

Deadwood

96 Seiten • Broschur • ISBN 978-3-03734-383-8 • € 10,00 / CHF 12,50

»Deadwood«, neben »The Sopranos« und »The Wire« das dritte klassische HBO-Drama des vergangenen Jahrzehnts, ist eine vehemente Kritik der Gewalt, der sich die Wirklichkeit verdankt. Als Neo-Western maskiert, beruht die Serie auf historisch belegten Ereignissen in der Zeit nach dem amerikanischen Bürgerkrieg. Schauplatz: ein exterritoriales, von Schlamm und Demokratiebegehren, von Tod und robustem Unternehmertum geprägtes Goldgräberlager in South Dakota. An diesem Ort herrscht das Prinzip der primitiven Akkumulation in Abwesenheit jeder staatlichen Souveränität. Angesichts dessen verzweifeln und sterben die Menschen. Und entwickeln Elemente einer zivilen Ethik.

Diedrich Diederichsen

The Sopranos

112 Seiten • Broschur • ISBN 978-3-03734-211-4 • € 10,00 / CHF 12,50

Kommt ein Mann zum Psychiater. Doch wird kein Witz daraus und auch keine erfolgreiche Therapie. Der verantwortungsvolle Familienvater bringt seine Familie heute nicht mehr ohne Panikattacken und Gewaltverbrechen durchs Leben. Die Kinder sollen auf ein gutes College, die Ehefrau hat kulturelle Ambitionen. Die erste und erfolgreichste unter den sogenannten Qualitätsserien registriert nicht nur die inneramerikanischen Kulturkämpfe, sondern ebenso empathisch wie sarkastisch auch den Niedergang der Mittelklasse – am Beispiel der Mafia von New Jersey.

Joseph Mitchell

McSorley's Wonderful Saloon. New Yorker Geschichten

Aus dem Englischen von Sven Koch und Andrea Stumpf

416 Seiten • Gebunden • ISBN 978-3-03734-141-4 • € 22,90 / CHF 28,90

Ein Besuch auf einer Schildkrötenfarm, die einen Großteil des nordamerikanischen Bedarfs an Schildkrötenfleisch deckt; das Porträt einer seit 1854 bestehenden New Yorker Kneipe; schwindelfreie Indianer im Stahlhochbau; findige Nichtstuer, hochbegabte Kinder, Muschelfischer und bärtige Damen; eine Schilderung der Institution »Beefsteak«, einem Begängnis, bei dem es ums Vertilgen ungeheurer Mengen Fleisch geht; der fundamentalistische Straßenprediger, der das Telefon für seine Zwecke entdeckt hat, oder Captain Charleys Museum für intelligente Menschen: Joseph Mitchells Geschichten, Porträts, Reportagen und Erzählungen sind längst Klassiker amerikanischer Literatur.
Joseph Mitchells legendäre Reportagen gehören zur Geschichte New Yorks, sie lesen sich wie Bohrungen in einer heute verschütteteten Zeitschicht jener Stadt, die mehr als alle anderen die Moderne verkörpert. Die hier versammelten Geschichten sind in den Jahren 1938 bis 1955 im Magazin *New Yorker* erschienen. Für das deutsche Publikum weitgehend Neuland, eröffnen sie dem Leser ungeahnte, beglückende literarische Entdeckungen.

»Geschichten von zeitloser Bedeutung, erzählt aus den Nischen des Alltags heraus.« *Andrian Kreye, Süddeutsche Zeitung*

»Joseph Mitchell beschreibt ein Amerika, das zwar längst vergangen, aber immer noch lebendig ist. Dass man Mitchells Texte nun auch in deutscher Übersetzung lesen kann, ist ein Gewinn.« *Radio Ö1 ORF*

James Agee

Brooklyn ist. Südöstlich der Insel – Reisenotizen

Aus dem Englischen von Andrea Stumpf und Sven Koch

64 Seiten • Broschur • ISBN 978-3-03734-227-5 • € 10,00 / CHF 12,50

James Agee durchwandert schreibend Brooklyn: von den alten Stadtteilen im Nordwesten mit ihren Backsteinhäusern über die Brooklyn Bridge und durch die Arbeiterviertel bis in die Hinterhöfe. Er dringt in Wohnzimmer ein, lässt sich in einem Kinosaal nieder, beschreibt Straßenszenen und mit wenigen Sätzen ganze Menschenleben. Durch alles scheinen die historischen Schichten hindurch – und mit der genauen Schilderung noch der nebensächlichsten Details formt sich ein großer Gesang. Ein Text, der das Wesen eines Stadtviertels erfasst und bis heute nichts von seiner Kraft und Wahrheit verloren hat.
Das Porträt Brooklyns, 1938 im Auftrag des »Fortune Magazine« geschrieben, erschien aufgrund künstlerischer Differenzen erst 1968 und ist inzwischen ein Klassiker der New-York-Literatur.

»Agee fliegt mal über die endlosen Blocks, mal bohrt er sich in winzige Details der Fassaden. Mal spricht er von den Massen wie ein Geologe von Gletscherbewegungen, dann stellt er ›einen eigenartig weichen Zug in den Augen und Mundwinkeln‹ fest: den ›Brooklyn-Blick‹«. *Jörg Häntzschel, Süddeutsche Zeitung*

»Agees Porträt lebt noch mehr als von der Beobachtung vom Stil; am Ende bleibt man mit einem heftdünnen Büchlein voller Anstreichungen zurück. Wow. Und Yeah.« *Wieland Freund, Die Welt*

Bruce Bégout

Der ParK

Aus dem Französischen von Franziska Humphreys-Schottmann

128 Seiten • Broschur • ISBN 978-3-03734-174-2 • € 10,00 / CHF 12,50

Auf einer abgelegenen Privatinsel in der Nähe Borneos hat der russische Unternehmer Kalt mit seinen Millionen und seinem Know-how aus Waffen-, Tourismus- und Vergnügungsindustrie den ultimativen Park errichtet – die gigantomanische Vereinigung von allem, was jemals innerhalb einer Einfriedung verwirklicht wurde: Wildgehege und Vergnügungspark, Rummel und Flüchtlingscamp, Reptilienhaus und Altenheim, Konzentrationslager und Technologiepark, Friedhof und Kindergarten, Arboretum und Gefängnis. Nur hundert Besucher pro Tag haben (nach Entrichtung von 15.000 $ Eintrittsgeld) das Recht, den ParK zu besuchen. Und keiner kann sich seiner Faszination entziehen...

Provokantes Gedankenexperiment zwischen George Orwell, Guy Debord und Michel Houellebecq, fulminanter Kurzroman ohne Handlung: Bruce Bégout entwirft den ausgelebten Traum eines Spätkapitalismus, dem nur scheinbar sämtliche Sicherungen durchgebrannt sind. Ein großartiger Text über unsere niedrigsten Beweggründe, absolut auf der Höhe seiner Zeit.

»Was für eine Wohltat ist dieses Buch: ein scharfsinniges Gedankenspiel, das hinsichtlich der demonstrativen Zuspitzung seinesgleichen sucht.«
Alexander Müller, FAZ

»Der Besuch dieses ParKs ist lohnenswert, die Lektüre sowieso. Der Baum der Erkenntnis um eine Frucht reicher, eine exotische.« *Schweizer Buchhandel*